AMÉRICA EM DUAS RODAS

Venha viajar conosco e viver essa emoção

Felix Bregalda &
Volnete Gehlen Bregalda

Literare Books
INTERNATIONAL
BRASIL · EUROPA · USA · JAPÃO

Presidente do conselho:
Maurício Sita

Presidente:
Alessandra Ksenhuck

Vice-presidentes:
Cláudia Pires e Julyana Rosa

Diretora de projetos:
Gleide Santos

Coordenadora editorial:
Amanda Moura

Assistentes editoriais:
Júlia Almeida e Lui Navarro

Capa:
Candido Ferreira Jr.

Projeto gráfico e diagramação:
Gabriel Uchima

Revisão:
Ivani Rezende e Angélica Mendonça

Impressão:
Printi

Dados Internacionais de Catalogação na Publicação (CIP)
(eDOC BRASIL, Belo Horizonte/MG)

B833a Bregalda, Felix.
América em duas rodas / Felix Bregalda, Volnete Gehlen Bregalda. – São Paulo, SP: Literare Books International, 2024.
14 x 21 cm

ISBN 978-65-5922-864-5

1. Viagens. 2. América – Descrições e viagens. 3. Turismo. I. Bregalda, Volnete Gehlen. II. Título.
CDD 918

Elaborado por Maurício Amormino Júnior – CRB6/2422

Literare Books International.
Alameda dos Guatás, 102 – Saúde– São Paulo, SP.
CEP 04053-040
Fone: +55 (0**11) 2659-0968
site: www.literarebooks.com.br
e-mail: literare@literarebooks.com.br

MISTO
Papel | Apoiando o manejo florestal responsável
FSC® C196274

AGRADECIMENTOS

Amados e queridos filhos Katiane, Giancarlo e Candice, que percorreram o Brasil conosco. Vocês são tudo para nós!

E nossa dileta avó materna Deorides (*in memoriam*), que gentilmente vinha fazer companhia e encobrir suas travessuras durante nossas viagens.

Lembranças carinhosas e eterna gratidão.

NOTA DOS AUTORES

Moramos em uma pequena cidadezinha do interior de Santa Catarina, chamada Cunha Porã. Aqui, criamos nossos filhos e sentimo-nos felizes.

Sempre tivemos uma paixão enorme por viagens. Gostamos de conhecer novas pessoas, novos lugares, novas culturas.

Primeiramente, viajamos com nossos filhos conhecendo o Brasil. Depois, empreendemos viagens de moto e outros meios de transporte.

Sempre prezamos pela educação e por conhecimento. Buscamos levar aos leitores um pouquinho do que vivemos nesta "Fantástica América".

Viaje conosco!

PREFÁCIO

Caro amigo, motoqueiro leitor,

Lembro-me da atmosfera que ficava em nossa casa quando começavam os preparativos para uma nova viagem: lá se iam o pai e a mãe rumo a uma nova aventura.

Imaginava quando teria idade para ir junto.

Eram dias, semanas, e eles voltavam cheios de histórias! E nós, filhos, também:

— Pai, fui sair para uma festa e bati o carro.

Mas eles voltavam tão leves, com o espírito a mil, e nada os abalava, nem mesmo as travessuras dos filhos.

Tive o prazer de viajar com meus pais algumas vezes, em histórias não contadas neste livro. Talvez, para eles, insignificantes do ponto de vista de viagens, mas, para mim, foram dias de glória, dias em que vivi um pouquinho do que eles nos contam.

Deleite-se com a leitura, acelere na sua poltrona ou na sua cadeira e conheça um pouco da história dessas pessoas fantásticas que, no retorno de suas viagens, nos faziam também viajar e nos colocavam acelerando nas estradas da nossa querida América, por lugares pelos quais, depois, fisicamente passei, mas que já conhecia muito antes.

De seu filho,

Giancarlo Gehlen Bregalda

SUMÁRIO

1. URUGUAI

PAÍS DE MUITOS ENCANTOS, INTERIOR VERDEJANTE
E LITORAL REPLETO DE PRAIAS 11

2. BAHIA

TERRA DA PRIMEIRA CAPITAL BRASILEIRA - SALVADOR,
CHEIA DE MAGIA, CULTURA E TRADIÇÃO 29

3. ARGENTINA E CHILE

TERRA DOS ANDES, LAGOS GLACIAIS E TANGO - ARGENTINA
VULCÕES E GRANDE PRODUÇÃO DE VINHO - CHILE 37

4. MACHU PICCHU – VELHA MONTANHA

CIDADE PERDIDA DOS INCAS - ENCANTAMENTO E MAGIA
DESERTO DO ATACAMA 45

5. PATAGÔNIA E USHUAIA

TERRA ÚNICA E REPLETA DE MARAVILHAS NATURAIS - PATAGÔNIA
FIN DEL MUNDO - USHUAIA 103

6. EQUADOR

PAÍS DIVIDIDO PELA LINHA IMAGINÁRIA DO EQUADOR............ 149

7. ROTA 66

O SONHO DE VIAGEM DE MUITOS MOTOQUEIROS
CURIOSIDADES - HISTÓRIAS - MOMENTOS INESQUECÍVEIS........ 177

8. CHILE

REGIÃO DOS LAGOS E VULCÕES.. 203

1

URUGUAI

PAÍS DE MUITOS ENCANTOS, INTERIOR VERDEJANTE E LITORAL REPLETO DE PRAIAS

Fevereiro de 1993. Período de Carnaval. Ouviam-se muito ainda as famosas marchinhas carnavalescas, como: "Mamãe eu quero", "Cabeleira do Zezé", "Me dá um dinheiro aí" e "Cidade maravilhosa", que fazem sucesso até hoje. Como era época de feriado prolongado, nosso grupo de motoqueiros também resolveu aproveitar e empreender a sua primeira incursão internacional. Não tínhamos muitos dias, então a nação escolhida foi o Uruguai.

Tudo pronto, tudo organizado. Organizado? Nada disso. Foi tudo na maior improvisação, mas partimos. E, assim, o grupo foi serpenteando pelas curvilíneas estradas catarinenses.

Preparativos da viagem

O céu estava ensolarado, mas o horizonte a leste apresentava-se meio ameaçador. Com base na galhofa de que o motociclista é superior ao tempo, a comitiva barulhenta foi avançando.

Contudo, aos poucos, os horizontes a leste e a oeste foram se encontrando, como em uma espécie de complô para engolir o sol.

O humor da gurizada teve uma radical mudança, nossos olhares iam da estrada para o céu, já não tínhamos dúvida sobre os caprichos da natureza. Não deu outra: o lombo dos aventureiros foi premiado com uma impiedosa pancada de chuva. E ainda tínhamos pela frente a Serra do Rio do Rastro: a serra cujo viajante mais reza ao aventurar-se a percorrê-la. Vendo as motos nas curvas, dava a impressão de que os joelhos raspavam o chão, devido à acentuação dos trechos sinuosos. Era adrenalina pura.

A propósito, se o leitor já ouviu falar da serra, mas não a conhece, não deixe de emocionar-se ao percorrê-la.

No caso dos aventureiros, não restavam alternativas, portanto, mesmo rezando, silentes, foi necessário percorrer seus 13 km de beleza exuberante e perigosa, para chegar, após algum tempo, às águas termais de Gravatal.

Até aqui, em que pese as agruras que a natureza nos impõe, a comitiva estava completa, sem desistências, e era composta por: Felix Bregalda e esposa Volnete, estes modestos escribas; Ilvanio Bregalda e Adiles; Gilson Stroparo e Neusa; Evaldo Metenek; Nilson Immich e Tarsio H. da Sillva.

Termas de Gravatal, onde chegamos à noite, trata-se de um complexo turístico maravilhoso e moderníssimo. Todavia, por tratar-se do Carnaval, não havia acomodação nas cabanas nem nos hotéis. Graças à benevolência do administrador do complexo, nos foi permitido armar nossas barracas no pavilhão aberto, mas ao abrigo da chuva, que continuava. Nossos calçados (botas) estavam completamente encharcados, pois a chuva nos surpreendeu, não dando tempo nem de colocar capas impermeáveis.

Nossa permanência lá foi muito legal, pois tivemos a oportunidade de alargar nosso leque de amigos.

Hora de ir para as barracas. Algumas mochilas e botas foram deixadas para o lado de fora, posto que exalavam certo fartum, devido à molhação, atraindo diversos cães que circulavam entre as barracas numa pesquisa frenética, tornando nosso sono intermitente a cada aproximação dos ditos.

À hora do café, a chuva diminuiu de intensidade, baixando para a categoria de garoa. Era hora de arrumar as malas. Malas? Não existiam. Nossos pertences eram acomodados em sacos plásticos, amarrados com elásticos. Volta e meia algum saco rebelde libertava-se e voava em sentido contrário ao nosso. Ao último da turma, cabia-lhe a tarefa de capturar os objetos e proceder à distribuição. O nosso radinho de pilhas, ao praticar sua libertação, encontrou os pneus de um impiedoso veículo e não falou mais. Houve o episódio de o Evaldo ir capturar um objeto e encontrar a luva do Ilvanio, que nem tinha se dado conta da perda.

Mas voltemos à acomodação dos bagulhos para preparar o reinício da aventura. Elásticos e mais elásticos no afã de tornar seguras nossas sacolas.

Tudo pronto. Hora de voltar ao trecho. Esse evento atraiu certo número de turistas, especialmente um grupo de senhoras da terceira idade, que não se cansavam de nos desejar "vão com Deus". Assim, deixamos para trás Gravatal.

Percorridos alguns quilômetros, alcançamos a BR 101, ao mesmo tempo que a chuva vinha inclemente. A rodovia, não duplicada à época e em mau estado, formava umas depressões que a chuva enchia de água, e o movimento de veículos de grande porte se encarregava de jogar aquela água em cima dos frágeis motociclistas que transitavam mais lentos na margem da rodovia. Só agora entendemos a insistência das velhinhas de Gravatal no "vão com Deus". Não temos dúvidas de que aquelas senhorinhas tinham poder, pois só providências divinas poderiam nos levar a bom termo. Porém, era preciso não desobedecer ao Grande Criador, que colocou um posto de combustível e um restaurante à nossa direita, para que não continuássemos naquelas condições. No restaurante, só alegrias; uns tomavam cafezinho; para outros, caía-lhes melhor outros gostos, já que a previsão era de ficarmos por lá naquele dia. Evaldo e Tarsio estavam, como se diz, oitavados no balcão, ampliando seus cabedais de conhecimentos com um senhor consultor de logística. Prestamos atenção ao ouvir o aumento dos decibéis do grupo, e ouvimos o tio dirigindo-se a Evaldo assim: "uma moto é fácil, quero ver você pilotar um Scania 1517" etc. Evaldo silenciou.

Praia do Rincão

O tempo deu uma trégua, que nos motivou a retomar o caminho e, assim, conseguimos chegar até Sombrio, mas a chuva foi nos acompanhando até a praia do Rincão, que, devido a sua calmaria, era conhecida como a praia do "roncão". Passear na praia era impossível devido à enorme quantidade de águas-vivas. Então, rolou muito papo, histórias e muitas risadas. Foi um dia de muita paz, sem chuva no lombo, pois havia ficado para trás aquele trajeto sombrio.

Dia seguinte, lá fomos nós atravessar Porto Alegre, rumo ao sul, até a satrapia de Pelotas. Tudo correu placidamente.

A benevolência do administrador de um imenso *camping*, na praia do Laranjal, banhada pela Lagoa dos Patos, nos permitiu armar nossas barracas onde costumava ser o palco de shows (quando havia). A noite de Carnaval foi estrepitosa, porém a galera motociclista foi dormir cedo. No outro dia, ao iniciar a movimentação para a partida, o barulho das motos causou irritação a um barraqueiro que apareceu de dedo em riste, apontando para Evaldo, que, acuado, estava batendo em retirada, quando apareceu Nilson, com seus 90 kg, provocando um forçado armistício. Depois disso, a nossa permanência em Pelotas foi tão exígua, que não nos permitiu ver nenhum fogo-fátuo, comum naquela cidade devido ao solo pantaneiro.

De Pelotas, nosso destino agora era Chuí, passando pela reserva do Taim, uma estação ecológica com diversidade de vida selvagem e também conhecida por abrigar a maior região pantanosa do Sul do país. Um trajeto plano, longo, desprovido de habitações e um pouco tenso, pois muitos animais silvestres circulavam pela rodovia. Almoçamos tarde, em um local do tipo casa de família, mas onde era preciso entrar na fila. Consumada a frugal refeição, era a vez de reforçar as energias na sombra de uma frondosa árvore.

O volume de motos atraiu um casal argentino, em lua de mel, que passava por lá, cavalgando uma Africa Twin. Aí o argentino perguntou: “todos são casados?”. Um gaiato que tinha feito vasectomia e cuja cabeça o posicionava como alguém que comprometeu a virilidade respondeu: “eu também sou casado”. O motoqueiro argentino disse: “então, você é escapado (fugido)?”

Ele respondeu: "capado não! Apenas fiz vasectomia". Os dois não conseguiam se entender e foi necessário aparecer um tradutor para clarear o assunto.

Retomamos o trecho rumo a Chuí, o ponto mais ao sul do Brasil.

Procedidos os trâmites aduaneiros, acampamos no lado uruguaio.

A interação com os nativos foi rápida e, nesses charlamentos, descobrimos que o Uruguai praticava preços que julgamos escorchantes. Contamos o dinheiro de cada um e o balanço não foi animador. Voltamos para o lado brasileiro e, no mercado, fizemos umas compras, incluindo enlatados, frutas, bolachas etc.

Voltamos ao Uruguai. Partimos em direção ao departamento de Rocha. No caminho, visitamos o Forte de Santa Tereza, onde Volnete, professora graduada e especializada em História do Brasil, arregaçou as mangas e sapecou uma aula na qual ficamos conhecendo muita coisa sobre as escaramuças naquelas paragens. A região, que hoje é o Uruguai, pertenceu ao Brasil, com o nome de Província Cisplatina (que significa "aquém do Rio da Prata"), a qual

Forte de Santa Tereza

passou ao Império Brasileiro desde 1808, quando D. João e a família real portuguesa desembarcaram no Brasil. Antes, fazia parte das Províncias Unidas do Rio da Prata (atual Argentina), ou seja, pertencia à Espanha. Na época, D. João fugiu de Portugal devido às invasões napoleônicas. Napoleão Bonaparte teve a aquiescência da Espanha para passar em seu território e invadir Portugal. Em represália, Dom João ordenou a invasão da Colônia de Sacramento e anexou-a ao Brasil com o nome de Província Cisplatina. A região, por muito tempo, foi motivo de disputa entre Portugal e Espanha. Em 1822, o Brasil se tornou independente e anexou definitivamente a província ao Brasil. Só que a região não se apaziguou. Nessa época, também começaram a aparecer tropas rebeldes que não queriam pertencer a ninguém. Houve uma guerra conhecida como Guerra da Cisplatina, em que Brasil e as Províncias Unidas do Rio da Prata (atual Argentina) disputaram o território. Mas nessa guerra não havia um discurso unificado: Brasil querendo anexar, Argentina querendo anexar e os rebeldes querendo ser independentes. Após muitas batalhas, chegou-se a um cessar-fogo, por meio de uma Conferência Preliminar da Paz, pela qual a província obteve a independência e se tornou a República Oriental do Uruguai.

Continuamos nossa incursão. Deparamo-nos com uma rodovia em bom estado e sem curvas. A galera aproveitou e enrolou o cabo das motos. Lá adiante, um cidadão apontava algo como uma máquina fotográfica com lente longa. Seria um fotógrafo a trabalho? Ledo engano. Ao nos aproximarmos, constatamos tratar-se de um policial. Ficou só no conselho para desenrolar o cabo (policial legal).

Chegamos a Punta Del Este, cidade turística situada em uma península estreita no sudoeste do Uruguai. Ali, encontra-se a Praia Brava, conhecida pelo surfe intenso e uma enorme escultura de cinco dedos: La Mano. No extremo sul da península, há um farol do século XIX, que possui uma plataforma de observação. Para quem gosta de jogar, há muitos cassinos, dentre os quais o famoso Conrad Casino.

Em Punta Del Este, encontramos um *camping* muito legal, contendo supermercado, local para shows e água aquecida por caldeiras à lenha. As barracas foram armadas de forma profilática, para que os roncadores pudessem sentir-se à vontade. Todavia, não contávamos com o efeito colateral daquela frugal refeição, que instou o intestino e declarar a independência. A flatulência vinha de forma intermitente, como uma metralhadora a confundir-se com os roncos e a escaramuças dos rebeldes para consolidar a independência da Província Cisplatina.

Trajeto à Montevidéu, Uruguai

Chegamos a Montevidéu, capital do Uruguai. A cidade gira à volta da Plaza de La Independencia, que outrora albergava uma cidade espanhola.

Ali, ninguém vive sem carne, chimarrão e *dulce de leche*. É uma cidade desenhada pelo Rio da Prata, que, quando se alastra pela direção leste, passa a ser chamado de "mar". Curiosidade: Montevidéu foi anfitriã de todos os jogos da Copa do Mundo FIFA de 1930, a primeira edição deste evento esportivo. Ao pé de um desbravador, fizemos a última refeição com os víveres comprados no Brasil.

Transitando pelo ponto zero da capital, ou seja, o centro de Montevidéu, uma distração levou Evaldo ao solo, sem dano qualquer.

Depois da rápida passagem por Montevidéu, nossa ação já era de retorno. Passamos por várias províncias rumando para Rivera e para o Brasil, encerrando com uma passagem ao sítio arqueológico São Miguel Arcanjo, popularmente conhecido como Ruínas de São Miguel, que é um conjunto remanescente da antiga redução jesuítica de São Miguel Arcanjo, integrante dos chamados Sete Povos das Missões, para reverenciar Sepé Tiaraju, o qual, ao perceber a invasão espanhola, brandiu sua borduna e vociferou: "esta terra tem dono".

2

BAHIA

TERRA DA PRIMEIRA CAPITAL BRASILEIRA – SALVADOR, CHEIA DE MAGIA, CULTURA E TRADIÇÃO

Em 1994, o grupo, composto por Felix, Nilson, Evaldo e Minosso, decidiu fazer uma incursão à Bahia, mais precisamente a Salvador, primeira capital da América Portuguesa, atual Brasil. Salvador, Nordeste do Brasil, é conhecida pela arquitetura colonial portuguesa, afro-brasileira e pelo litoral tropical. O bairro do Pelourinho é seu coração histórico, com vielas de paralelepípedos terminando em praças grandes, prédios coloridos e igrejas. Salvador tem 372 igrejas, portanto, se você quiser visitar uma por dia, precisará de um ano e ainda faltarão dias.

Essa viagem foi feita em curto espaço de tempo. Por essa razão, visitamos apenas os pontos

Indo para a Bahia

mais importantes, como o Elevador Lacerda, que une a Cidade Baixa com a Cidade Alta; o Mercado Modelo, mercado popular com mais de 250 lojas que vendem artesanatos, uma variedade de artigos de arte, além dos restaurantes, com comidas típicas da Bahia, como vatapá, acarajé etc.; a Igreja de Nosso Senhor do Bonfim, a mais popular da Bahia, onde é feita, todos os anos, a tradicional lavagem das escadarias, que atrai milhares de peregrinos, turistas e fiéis na segunda quinta-feira do mês de janeiro, após o Dia de Reis. Também é muito comum sair com uma fita do Senhor do Bonfim, enrolada duas vezes no pulso e amarrada com três nós. Em cada nó, pode-se realizar um pedido, mentalmente, que deverá ser mantido em segredo até a fita se romper por desgaste natural. Palafitas, habitação sustentada por estacas em cima da água, chamada Alagados; já foi considerada a maior favela do Brasil.

Ao conhecer o Elevador Lacerda, fomos interceptados por um grupo de ciganas. Conseguimos nos desvencilhar delas, apenas Evaldo decidiu ver a sorte, o que lhe custou o valor de um tanque de gasolina. Retiramo-nos e ficamos à espreita para ver onde iria com a sorte revisada. Livre da cigana, vimos o boné vermelho do Evaldo indo ao sentido contrário. Rapidamente, fomos a seu encalço; caso contrário, ele se perderia.

Como gosto muito de trovas (versos de improviso), como são chamados aqui no Sul, ouvimos ao longe o desafio em que dois repentistas se digladiavam. Aproximamo-nos e ficamos surpresos pelo conhecimento histórico deles sobre o Sul do Brasil, mais precisamente sobre Santa Catarina. Ao depositar no chapéu a nossa contribuição, eles reclamaram, em versos, que o montante colocado não daria para comprar um frango de Santa Catarina. Melhorada a contribuição, tudo virou alegria.

No caminho de volta, Nilson, que era seguidor de novelas, sugeriu visitar o cenário da novela *Renascer*. No caminho, falava-se da personagem Ritinha, que se banhou sem roupa na cascata. Já em pleno cenário, interagimos com os plantadores de cacau e sugerimos tomar com eles alguma gelada no armazém em frente. Ao adentrarmos, Evaldo, em tom de brincadeira, falou ao grandão do boteco: "onde está a Ritinha?". Ao que ouviu: "tem mais nada não, moço, acabou tudo". Na hora de posar para uma foto, o grandão chamou a esposa para registrar o momento de interação com os cacaueiros: "Ritinha, vem tirar a foto dos meninos". Danada de coincidência!

3

ARGENTINA E CHILE

TERRA DOS ANDES, LAGOS GLACIAIS E TANGO – ARGENTINA

VULCÕES E GRANDE PRODUÇÃO DE VINHO – CHILE

Em fevereiro de 1995, mais precisamente na época de Carnaval, era tempo de tirar uns dias para recarregar as baterias. Volnete pensou em praia, já que tinha um apartamento da sogra em Balneário Camboriú. Teve a aquiescência das crianças e eu, Felix, consegui a carta de alforria que me isentava de um programa que só eu, no mundo, não gosto: praia.

Pensei em ir até Buenos Aires e consegui a parceria do Nilson.

Entramos pela província de Misiones, seguindo por Corrientes. Nessas duas províncias, as frequentes abordagens policiais estavam interferindo em nosso patrimônio e nos irritando com os pedidos de propina.

Próximo a Goya, Nilson foi parado à frente, e eu, atrás, por dois policiais. Como a documentação estava legal, procurei desviar o assunto antes da "cantada", comentando algo que fumaceava próximo ao escritório. "Sim", disse o policial, "é um churrasco. Venham almoçar conosco". Ao inusitado convite, não conseguimos negar. Uma espécie de *parrilla* estava sendo assada nos raios de uma roda de moto. Almoçamos com os policiais *camineros*. Tomamos um monte de vinho. Dei minha camisa ao sargento e tiramos fotos com a vestimenta trocada.

Às 15h, reiniciamos a viagem, mas concluímos que era mais seguro entrar numa plantação de eucaliptos para recuperar a energia. A ideia teria sido magnífica, não fossem uns cachorros que estranharam nossa presença. Essa tarde só rendeu oito quilômetros.

A parada seguinte foi Paraná, capital da província de Entre Ríos.

Naquela cidade, no hotel em que estávamos hospedados, travamos amizade com duas famílias chilenas que estavam em trânsito. Após longa conversa, fomos convencidos a trocar o tango no Caminito pelas famigeradas belezas do Chile.

Pré-Cordilheira dos Andes - Mendoza, Argentina

Pintou o consenso, o pisca foi ligado para a direita; e lá estávamos mergulhando no túnel e emergindo em Santa Fé. Nas províncias de Córdoba, San Luis e Mendoza, passamos acelerando, tirando uma foto em La Dormida e em San Luis. Em, tivemos dificuldade para jantar, sendo apenas socorridos por uma rotisseria. Logo adiante, aparecia a imponente Cordilheira dos Andes.

Na Pré-Cordilheira, fomos recebidos por uma tempestade de areia, que nos obrigou a parar para que as motos não respirassem aquela areia, danificando o motor. Logo em seguida, foi a vez de uma nevasca, acompanhada de um frio danado.

Cordilheira dos Andes

Bem, logo já era hora de voltar. Conforme projeto: dormir em Colina, próximo a Santiago. Já quase na cidade, paramos para consultar o mapa. Nesse momento, parou um veículo próximo, desembarcando três rapazes e, a julgar pela depredação da caminhonete, seríamos assaltados. Nilson nem desligou a moto, mas não era preciso, pois surgiu uma amizade que perdura até hoje. Durante a janta, a qual eles fizeram questão de pagar, contei a nosso amigo Alejandro a promessa de Mendoza, que fizemos aos meninos que trabalhavam no acampamento da Secretaria de Turismo da Argentina, na Cordilheira dos Andes:

uma aguardente para esquentar. A intenção era combater o inclemente frio que fazia naquele local. "Não compre aqui, pois é muito caro. Aqui próximo há uma casa que vende mais barato. Vou levá-lo lá", disse Alejandro. E fomos. Chegando Iá, dirigiu-se a uma mulher que estava no balcão, enquanto uma jovem estava vendendo-me uma cachaça. Em dado momento, o amigo aproximou-se de mim e, em meio a xingamentos com a senhora, conduziu-me para fora, enquanto dizia a ela: "você está nervosa porque não d... hoje". Ela respondia: "cachorro de rua". Já fora do estabelecimento, perguntei-lhe: "o que houve, Alejandro?". Ele respondeu: "aquela mulher falou: 'quem é esse FDP que estava cantando a minha filha'. Amigo meu não passa desaforo". Tudo isso em um espanhol alto e acelerado, que eu não estava entendendo nada.

Comprei o Pisco Catedral no restaurante e cumpri minha promessa.

Voltando, no deleite da apreciação da beleza chilena, deparamo-nos com dois motociclistas com aparente problema nas motos. Paramos, logicamente. Tratava-se dos irmãos Grilleton, americanos, da Califórnia, que estavam conhecendo a América do Sul. Trocamos endereços e, alguns dias depois, passaram um fim de semana conosco. Dois anos mais tarde, ao inscrever-me para um curso na minha área de implantes dentários, fiquei surpreso ao descobrir que seria em Yorba Linda, a cidade dos amigos americanos. É claro que, na ocasião, o papo se estendeu noite adentro.

Mas voltemos à estrada. Ao chegar a Uspallata, já no fim da tarde, um policial nos informou que a cidade tinha três hotéis. Nilson fez uma averiguação e voltou com a notícia: nenhum apartamento. A solução foi andar em frente, apesar do imenso frio e muitos pequenos túneis até chegar à pensão da Celeste, que também não tinha acomodação. A Dona Celeste, comovida com nosso estado, propôs afastar umas caixas de mantimentos e colocar um colchão de casal na dispensa. Aceitamos na hora. De bônus, Dona Celeste disse: "eu vou fazer uma sopinha que vai esquentar vocês". Jantamos com a família e batemos longos papos, principalmente com o genro, um policial.

No dia seguinte, deixamos Potrerillos para trás e aceleramos rumo à nossa satrapia, que o Carnaval havia acabado.

4

MACHU PICCHU – VELHA MONTANHA

CIDADE PERDIDA DOS INCAS – ENCANTAMENTO E MAGIA DESERTO DO ATACAMA

PREPARAÇÃO

Em 1996, o Moto Grupo Galo já estava mais esperto, com alguma experiência internacional. Então, era a hora de pôr em prática um projeto acalentado há muito tempo: Machu Picchu.

Começamos a maratona de preparação para conhecer Bolívia, Peru e Chile. Ligamos para as embaixadas desses países a fim de obter informações e material, como mapas e outros materiais de apoio. Em vão. A resposta foi: "*no és necesario*".

O nosso amigo Honório, de Palmas, Paraná, tinha um filho estudando em Cochabamba. Solicitamos o obséquio e o guri foi prestimoso. Viajamos 200 km até Palmas para buscar o mapa, que não era rodoviário, e sim físico. Com a ajuda da escala, traçamos o roteiro e a quilometragem aproximada.

Feito isso, era a hora do grupo começar a organização interna. Foi assim: tipos de motos, equipamentos, dinheiro necessário etc. Alguns tiveram que trocar suas motos por outras, para adequá-las ao terreno que íamos passar.

As reuniões para a organização eram muito divertidas: muito churrasco, muita cerveja e muita alegria, num vislumbre do que seria a aventura.

Tudo pronto. Os pequenos detalhes tratados, marcamos a saída para 3 de fevereiro de 1996.

BRASIL

Com dia e hora marcados para a saída, o evento suscitou a curiosidade da comunidade, que se dirigiu à praça principal de Cunha Porã, formando considerável grupo, com parentes, amigos e motociclistas. Um canal de TV fez-se presente, acompanhando a comitiva por 60 km.

Na chamada, estavam presentes: Felix Bregalda e Volnete, Julio Treichel e Tânia, Nilson Immich e Dirce, Aderbal M. de Oliveira, Evaldo Metnek e Tarsio H. da Silva.

E assim, alegres e eufóricos, fomos avançando e deixando para trás nossa terra e nossa família.

O destino era Corumbá, Mato Grosso do Sul, por onde entraríamos para a Bolívia.

Saindo da nossa cidade, passamos em São Miguel do Oeste para tomar café na padaria do Tarsio. Percorremos várias cidades brasileiras e, em Guaíra, passamos pelo Rio Paraná de balsa – a ponte já estava quase pronta. Chegamos a Itaquiraí. No dia anterior, tinham assassinado o pai do prefeito, que havia levado um tiro pelas costas na cozinha, por isso, feriado. Não encontramos hotel e, graças à bondade da diretora de um colégio, acabamos pernoitando lá.

No dia seguinte, saímos para Aquidauana. Pegamos chuva. Como era quente, parava de chover, chovia de novo; era um tal de "tira abrigo, coloca abrigo". Procuramos um *camping*, era um tal de Toca da Onça, dez quilômetros de estrada de chão,

Praça de Cunha Porã, SC, início da viagem à Machu Picchu, Peru

com areia fofa. Encontramos um ciclista que não saiu do trilho da estrada, consequentemente, tivemos de sair e tombamos a moto parada. Aderbal não teve a mesma sorte, vinha logo atrás e caiu quebrando a carenagem da moto.

Para cumprir essa etapa, acampamos em Aquidauana (Portal do Pantanal) e, na próxima noite, na AABB (Associação Atlética Banco do Brasil), posto que Tarsio era bancário e viabilizou essa mordomia.

No outro dia, despedimo-nos do pessoal local e partimos.

Entrando na Bolívia

Ao chegar à Bolívia, encontramos todas as formas de complicação aduaneira. Apesar de todos estarmos com a documentação legal, os agentes iam apresentando mais empecilhos. Fomos ter na embaixada boliviana; a responsável tentou resolver o problema, e nada. Pedimos socorro no lado brasileiro, também em vão. Anoiteceu e, para espanto da Dona Sueli, da AABB, aparecemos de volta.

No outro dia, reiniciamos a via-sacra. Nada de conseguir com os bolivianos o desembaraço, tampouco nos informavam qual o problema. Ao meio-dia, finalmente, a funcionária da repartição brasileira disse que iria para o centro da cidade e traria os documentos necessários.

Cansados, Evaldo estava sentado na cadeira onde normalmente sentava o policial. Nós, Felix e Volnete, tomávamos chimarrão; os demais, todos dormiam na área da frente do estabelecimento alfandegário.

Em dado momento, todos foram acordados com um grito de "Pare aquele carro". A ordem vinha de um carro que, de cada janela, apontava o cano de um fuzil. Evaldo, a quem foi dada a ordem, esticou o braço a um carro branco, que parou. Alguns se protegeram atrás das colunas; Evaldo, que se jactava de ter sido fuzileiro naval, desapareceu, para ser encontrado agachado atrás de um caminhão a 100 m do local.

Tudo em vão. O carro do verdadeiro traficante driblou a polícia; o carro branco perseguido era inocente.

Acordados e assustados, decidimos investir novamente na Bolívia, já que a funcionária que foi ao centro e prometeu resolver não apareceu.

BOLÍVIA

Na Bolívia, a coisa continuou sem solução. Para piorar, chegou um trem do interior trazendo animais, frutas, pessoas, remédios e toneladas de mosquitos. Um estapeamento geral nunca visto.

A nossa situação estava indo para a classificação de desânimo quando Aderbal lembrou-se de que tinha uma pessoa um pouco conhecida que tinha trânsito entre os corruptos bolivianos. Ligou para o tal e ele apareceu. Falou para os agentes: "*que pasa?*

Los chicos te van regalar unas platas". Era a senha que faltava. Mas a noite vinha e escureceu quando dois funcionários de terno e gravata pediram para que eu, Felix, os acompanhasse. Saímos por uns terrenos baldios até chegar a um boteco onde havia uma máquina fotocopiadora. Ufa! Feitas as cópias, antes de nos entregar, veio a facada: 250 dólares.

As estradas no Pantanal boliviano estavam impraticáveis. Pagando 130 dólares, conseguimos viajar em cima de um caminhão, que estava sobre um vagão. Compramos cordas para amarrar as motos na carroceria do veículo. Os motociclistas se acomodavam na carroceria. Cansados da peripécia de pôr as motos em cima do dito caminhão, à meia-noite a lesma do trem partiu. Levava de tudo. Atrás do caminhão, três veículos roubados e um porco amarrado numa roda. Embaixo do caminhão, viajavam dois agricultores de origem alemã, para o deleite da Dirce e do Nilson, que passaram a travar uma conversa em alemão. Conseguiram se entender.

Pouco tempo depois da partida, os trilhos se apresentavam tão irregulares, que o trem balançava como um pêndulo. Resultado: as motos não paravam amarradas, e isso nos obrigou a cada um ficar do lado e segurar a sua. E o enxame de mosquitos viajava conosco. Dormir? Impossível, até sacos de lixo foram colocados na cabeça, para que pudéssemos nos proteger das picadas dos mosquitos. De madrugada, escutamos uma cantoria aproximando-se de nós, o trem estava parado. O péssimo cantor tratava-se de um senhor bêbado, o qual foi aproximando-se e tentou subir em nosso caminhão, que estava em cima do vagão para seguir viagem. Não tinha nem lugar para nós, quem dirá para mais um. Não aceitamos e ele saiu ameaçando-nos. Não bastasse isso, lá pelas tantas, veio o condutor do trem com dois policiais e queriam cobrar passagem. Falamos que queríamos um vagão então. Seguiu-se um bate-boca, batemos fotografias e eles disseram que iriam voltar na próxima estação. Não voltaram.

No clarear do dia, o trem parou. Fomos informados de que houve descarrilamento de outro trem, o que obstruía a linha. Passamos o dia no Pantanal boliviano, sobrevivendo com bolachas Gauchitas e água mineral. Fazer necessidade no mato era uma aventura, pois a imensa quantidade de insetos, principalmente as mutucas, tornavam o ato impossível.

No trem, parados por um dia na Bolívia

Ao meio-dia, apareceu uma senhora oferecendo, de forma meio cantada, "*empanada de atuncito*". Evaldo incitou Aderbal e Tarsio: "vamos encarar?". "Vamos". O citado *atuncito* vinha num pote de plástico que deveria ser jogado na capoeira próxima. Imediatamente, apareceram vários cães, que promoviam a limpeza, saboreando os resíduos que ficavam. Logo depois, passou a mesma senhora recolhendo os já limpos recipientes, esperando outro descarrilamento.

À noitinha, apareceu o trem descarrilado, carregando em seu teto imensa quantidade de pessoas, algumas deitadas com cobertor e tudo.

Então, o nosso trem partiu, sem pressa. Ao clarear do dia, o trem parou com o objetivo de adicionar alguns vagões, tempo suficiente para tirar as motos e encarar o trecho à frente.

Estrada na Bolívia

Eram seis horas da manhã e logo nos demos conta de que não seria fácil. A estrada, em muitos pontos, não era mais que uma trilha, com muitas lagoas e valas, por causa da chuva naquela época. Percorremos, até São José, 42 km de chão, areia e atoleiros.

Em San José, onde visitamos uma igreja construída pelos jesuítas, o guarda pediu documentação e solicitaram a Aderbal guardar a bandeira do Brasil.

Nesse trajeto, Aderbal caiu e Evaldo também.

Eu – Felix –, parei o pessoal e manifestei o temor de continuarmos, pois o tempo estava ameaçador e eu disse que estávamos praticando uma irresponsabilidade, e que seria melhor voltarmos ao trem. Julio, num gesto teatral, jogou-se a meus pés dizendo: "por favor, não nos abandone". Brincadeira.

Em seguida, Julio furou o pneu dianteiro com espinhos; Tarsio, o pneu traseiro. Foi uma peripécia até conseguirmos arrumar os pneus, apesar de levarmos remendos para os mesmos.

No percurso de 250 km, não encontramos ninguém.

Após percorrer 310 km, encontrando somente sete semoventes, chegamos à noite em Santa Cruz de La Sierra. Ao chegar à cidade, passamos uma ponte de madeira, estreita e longa, com tábuas soltas. Foi um sufoco. À nossa frente, uma tranca (como era chamada pela polícia), um pau de eucalipto, obstruindo a estrada. A polícia nos interceptou. A nossa moto estava bem à direita, onde se vislumbrava um precipício horrendo, e poderia cair caso não fosse ajustada com o declive da rua. Quando fui movimentá-la, deparei-me com um fuzil vindo em minha direção e o milico dizendo: "*tiene que ir a la oficina* [escritório]". Fui à *oficina* e o sargento, ao passar meus documentos, falou meio abafado ao soldado: "*tiene que pedir una colaboracion*". O soldado, que segurava minha CNH de cabeça para baixo, disse: "60 dólares". Perguntei: "se está tudo certo, por que tenho de pagar?" Ele respondeu: "*El derecho de tranca, señor. Yo tengo que levantar la tranca para que ustedes pasen*". Aí rolou um portunhol bem sem vergonha: "nosotros não tiemos plata, las motos são alquiladas". Depositei dez dólares e cinco pesos, estrategicamente separados, na mesa do milico e ele, com a mesma raiva, empurrou os documentos em minha direção.

Chegamos a Santa Cruz de La Sierra. A maioria não quis jantar, apenas eu (Felix), Julio e Tania fomos a uma hamburgueria e ficamos contentes por ter fila, sinal de movimentada reposição. Ledo engano. Consegui uma intoxicação que me levou cinco vezes ao banheiro durante a noite. Ficamos no hotel até às 12h por conta disso.

À tarde, retomamos a viagem até Chimoré, e eu continuava mal. Já no hotel, descobrimos o banheiro guiados pelo fartum que exalava daquela direção. Averiguado o ponto, descobrimos que se tratava de um banheiro com vaso inexistente, e que era necessário acertar um tubo de 100 mm um pouco difícil para quem estava com disenteria. Descarga, então, devia ser uma coisa de outro mundo. Tinha um tonel cheio de água, com um balde ao seu lado, que deveria ser enchido e despejado no buraco. Perguntamos se havia médico na cidade ao pessoal do hotel: "sim, naquela farmácia existem três". Duvidei e fui checar, constatando serem uns indígenas aimarás. Lembrei-me do tempo que servi o brioso exército brasileiro, de onde me orgulho de ter saído no prazo de um ano, com as divisas de cabo, e lá nós tomávamos comprimidos de carvão para diarreia. Foi o que me salvou.

Partimos com chuva para encarar a imponente Cordilheira dos Andes, que se desenrola desde a Venezuela até a Patagônia, possuindo uma extensão de 7.000 km, com uma largura entre 200 e 700 km, considerada o maior conjunto contínuo de montanhas no globo terrestre. Por sua extensão, ocupa o território de sete países sul-americanos: Argentina, Colômbia, Venezuela, Equador, Peru, Chile e Bolívia. O clima que predomina nos Andes é frio, além do ar extremamente rarefeito; nos locais com altitude mais elevada, é comum a presença de neve e temperatura negativa. Também nessa região é comum os habitantes mascarem folha de coca para auxiliar na absorção do oxigênio no organismo. Além disso, eles têm um tronco mais avantajado, pois o coração e os pulmões são maiores que os da maioria dos seres humanos.

Na Serra de Cochabamba, Bolívia

Rumamos para Cochabamba. No caminho, eu – Volnete –, me agarrava bem à Felix, pois a chuva e o vento haviam deitado árvores que nos obrigavam a algumas manobras para seguir. Isso sem contar o frio e a chuva no lombo. O rio caudaloso e serpenteante bufava pela quantidade de água em seu leito.

Gasolina, só nas casas. Paramos numa delas e apareceu um casal de indígenas que abasteceu nossas motos.

Chegamos a Cochabamba esgualepados pela falta de oxigênio. Já a 2.800 m de altitude, sentimos o desconforto, conhecido como soroche.

O dono do hotel perguntou: "*tomaste el té, tomaste el té?*". Indagamos: "*el té de folhas de coca?*". Ele fez: "huumm!". Compramos um saco de folhas. Aí vimos uns indígenas em cima de uma caminhonete com duas bolas, uma em cada bochecha, e os dentes verdes. Estavam mascando folhas de coca, pois a coca é um depressor cardiovascular, diminuindo os batimentos cardíacos, eliminando a ansiedade causada pela falta de oxigênio. Uma xícara de água com seis folhas de coca baixa em mais de 10% os batimentos do coração, com isso, economiza-se o pouco de oxigênio da cordilheira.

Continuando a subida, as motos tinham cada vez pior desempenho. Não davam partida, era preciso rebocá-las até funcionar. As motos de menor cilindrada eram menos atingidas.

Continuamos subindo rumo à La Paz, alcançando 4.496 m de altitude.

Chegando ao altiplano boliviano, paramos, descemos da moto (como sempre fazemos com aproximadamente 150 a 200 km), deitamos na beira do asfalto para descansar, fugir um pouco do vento e nos aquecer com o sol. Além disso, nesse trajeto pegamos chuva e granizo.

Altiplano boliviano

El Alto; aos fundos, La Paz, Bolívia

Chegamos a El Alto, uma espécie de cidade industrial na borda do buraco que é La Paz.

La Paz é a capital administrativa mais alta do mundo e está situada no Altiplano dos Andes. É cercada por montanhas e vulcões. Eu, Volnete, achei La Paz um grande panelão da cor marrom, pois, observando de El Alto, que é plana, dá para ver praticamente toda a capital lá embaixo, que surge com seus casebres da cor ocre em meio à aridez do altiplano, a quase 4.000 m de altitude. É uma cidade com fortes tradições indígenas e praticamente fria durante o ano todo, ou seja, as temperaturas variam de -2 °C a 15 °C e raramente ficam inferiores a -5 °C ou superiores a 18 °C.

Em El Alto, chegamos na hora da saída dos trabalhadores e o trânsito virou a maior muvuca. Não tinha sinaleira e era um tal de buzinaço incrível. Com pouco oxigênio, a 4.100 m de altitude, a mistura da gasolina ficou pobre. Mantive a moto ligada, pois era difícil a ignição. Quando sentimos um cheiro, Volnete me avisou que havia fumaça. Constatamos que o pneu traseiro estava pegando fogo, pela proximidade com o catalisador. Desliguei para esperar aquele povaréu se retirar, e eis que uma jovem se aproxima com um gravador e pergunta: "*puedes hacer una entrevista?*". Respondi: "posso". Ela perguntou: "*o que piensas de la filosofía?*". Pego de surpresa, dei a resposta mais enrolada que ela poderia ter conseguido. Tarsio deitava falação na rádio nacional; os demais companheiros, todos respondiam um monte de perguntas.

Cessado o rebuliço, descemos uns 500 m de altitude e nos acomodamos muito bem num hotel legal e barato.

No fundo daquele panelão que é La Paz, ficamos alguns dias, enquanto fazíamos algumas visitas a pontos interessantes.

Fomos de van para Tiahuanaco, ruínas pré-incas dos aimarás, onde conhecemos a Porta do Sol, a Porta da Lua e também o manejo do calendário agrícola, a partir da incidência do sol. Ali experimentamos falar por um sistema de som rudimentar, um buraco numa pedra – que não sabemos como funciona – onde o som repercutia, fazendo-se ouvir em toda a extensão de um local que deveria ser uma praça.

Naquelas paragens, vimos animais muito peludos, principalmente vacas, um bônus da natureza para diminuir a sensação de frio. A população usa outro artifício: algumas folhas de coca que permanecem na boca, como já falamos.

Ali também, é necessário cautela com os guias, que tentam vender amuletos, que dizem serem originais, mas, na verdade têm aos montes na saída do local.

Montanha de Chacaltaya, próximo a La Paz

Ruínas pré-incaicas, Tiahuanaco, Bolívia

No outro dia, ainda de van, fomos conhecer a montanha Chacaltaya, a qual, com seus 5.400 m de altitude, permanece coberta de gelo. Alguns conseguiram ir até o topo, como Julio e Evaldo, mas outros sentiram falta de ar e enjoo, permanecendo no meio do caminho, como Dirce e Nilson. Nós conseguimos chegar bem perto do topo, mas as pernas enfraqueceram. Lá há uma sede social, antes de subir propriamente a montanha, onde algumas pessoas conseguem descansar ou tomar uma xícara de chá de folhas de coca. Ao chegar até ali, já tínhamos subido um belo trajeto e Tania sentiu-se mal, desmaiando, devido à falta de oxigênio, mas logo se recuperou. Tivemos dois companheiros que não quiseram encarar a montanha, Tarsio e Aderbal, permanecendo no hotel.

Era dia de partir. Percorremos 152 km para chegar ao Lago Titicaca com suas águas límpidas e calmas, com 73 km de comprimento e 800 m de profundidade. É um dos maiores lagos da América do Sul e o curso d'água navegável mais alto do mundo.

A cidade que fica na margem do referido lago se chama Copacabana, onde passamos a noite e comemos uma gostosa truta. A cidade não tem atrativos, só funciona como ponto de apoio para quem vai visitar o Lago Titicaca.

Fizemos alguns passeios no lago, numa lancha com buracos e italianas fumando. Pedimos a elas que parassem de fumar, não fomos atendidos e ainda terminamos desbocados por elas. Conosco também estava uma mulher vestida com os trajes típicos da região – saia rodada, chapéu na cabeça. Tentamos conversar com ela, mas não tivemos êxito.

Lago Titicaca, Ilha do Sol, Bolívia

Visitamos a Ilha do Sol, dedicada ao rei Sol, um pedaço de terra no meio do lago a quase 4.000 m de altitude, onde, portanto, o ar é bastante rarefeito; foi preciso caminhar lentamente e fazer algumas paradas. Impressionante. Lá no topo da ilha, há uma nascente. As suas águas límpidas descem tranquilas pelos morros. Ao subir, encontramos crianças indígenas com lhamas oferecendo-se para tirar fotos nossas com os animais em troca de dinheiro. Batemos algumas fotografias, até para ajudar as crianças. Prepare-se para caminhar bastante, subindo e descendo.

Também estivemos na Ilha da Lua, dedicada ao culto feminino. Nela, viviam as mulheres mais bonitas da região, que eram chamadas de "virgens do Sol" e, segundo uma lenda, eram sacrificadas na Ilha do Sol.

Estávamos saindo de Copacabana. A moto do Aderbal não pegou, foi necessário arrastá-la pelas ruas até funcionar.

O próximo trecho era muito ruim, lastimável, até a aduana boliviana, onde deveríamos fazer os trâmites de saída. Mais propina... Organizamos uma espécie de "bolsa propina" para facilitar e agilizar. Um dono de posto nos disse: "*cuidado com los leones, a la policia le gustan mucho las platas*". Houve uma pequena diminuição após uma abordagem, e a clássica pergunta: "de onde vêm, para onde vão?". Felix respondeu que éramos uma equipe e que éramos convidados pelo governo deles. Moralizou um pouco. Isso aconteceu antes de Cochabamba.

Voltemos ao *check-out* da Bolívia, onde Aderbal não se conteve e comemorou a saída.

PERU

Entramos no Peru pela cidade de Puno. A polícia, chamada polícia turística, nos conduziu à aduana, pois já eram 19h de uma sexta-feira. Não havia luz na aduana, então os trâmites foram feitos com luz de velas.

Não havia acomodação nos hotéis, pois era uma semana de festas da Virgem de Candelária e, para nossa surpresa e regozijo, a polícia encarregou-se de, por telefone, achar algum lugar para dormirmos. Acharam, embora o que conseguiram era algo tão depredado que nos sentimos tipificados como romeiros. Para completar, choveu e esfriou para caramba. Ao chegar ao hotel, tivemos que erguer as motos para ultrapassar o umbral. Era impossível ficar hospedado ali. Percorremos mais um pouco a cidade e conseguimos um hotel um pouco melhor.

Retomamos ao trecho passando por Juliaca, chegando a Ayaviri para o almoço. O restaurante situava-se numa praça e, em alguns minutos, a aglomeração chegou a centenas de pessoas para ver do que se tratava. Um nativo aproximou-se da moto do Aderbal que, ao desequilibrar-se, provocou pequeno dano à carenagem. Irado, Aderbal abriu mão do almoço e seguiu em frente. Evaldo, extasiado com tamanha torcida, não viu que algum garoto furtou, de cima da moto, sua jaqueta impermeável. Poucos minutos depois, a polícia compareceu com duas viaturas para desobstruir as ruas. Ao sair do restaurante, os rapazes estavam com os lábios bastante rachados devido ao frio, e não hesitaram em passar o batom da Dirce, tentando minimizar o desconforto causado pela rachadura nos lábios. Até que ficaram bonitos. Demos muitas risadas.

Partimos e, pouco depois, mais um rio sem ponte, comum naquelas paragens. Havia um cavaleiro há alguns metros e, ao nos aproximarmos para pedir informações sobre a profundidade do rio, o nativo fustigou o bucéfalo e saiu em disparada. Encaramos a travessia do rio entre solavancos, rezas, risos e medo. Fomos os últimos a passar, com torcida de "vão cair", pois o rio era cheio de grandes pedras e, a cada pequeno trecho percorrido, a moto desviava-se do seu roteiro. Felizmente, passamos o rio sem ninguém cair.

Ao nos aproximarmos de Cusco, o tempo mostrava-se escuro e ameaçador.

Paramos por algum tempo. Aproveitamos para comer milho-verde num quiosque. Um milho muito diferente dos nossos aqui, com grandes grãos – tinha também milho preto.

O tempo não mudava e Evaldo estava sem jaqueta. Improvisamos com um saco de lixo, cortamos as pontas para passar os braços e fizemos um furo no meio para passar a cabeça. Vestimos isso nele e enfrentamos o temporal. Nessa situação, com visibilidade prejudicada, movimento intenso, chegamos

Rio sem ponte perto de Ayaviri, Peru

a Cusco, como eles gostam de chamar, o "umbigo do mundo". Paramos em um posto, e mais tumulto. A polícia apareceu e pediu para que ficássemos lá, pois eles mandariam a polícia turística. Essa polícia veio e nos ajudou a encontrar um hotel. A atração dos hotéis era "*ducha caliente*". No primeiro hotel ao qual a polícia nos levou, não conseguimos ficar, porque as motos iam ficar na rua, e a polícia foi embora. Naquela indecisão, fica não fica, apareceu uma alma caridosa e nos disse que ia nos levar num outro hotel. Aí conseguimos, com muito esforço, pois tínhamos que subir escadas com as motos para poder tirá-las da rua. Enfim, chegamos ao quarto, todos no mesmo local. Fila para tomar banho. À nossa frente, no banho, tinha um chileno que demorou muito, e começamos a reclamar. Foi um tal de troca de palavras, xingamentos, até que ele apareceu e nos permitiu acessar o banheiro, que tinha um fluxo intermitente d'água. Julio reclamou, mas não adiantou. Tomados os banhos, jantados, fomos dormir. Lá pela madrugada, um barulhão nos assustou, e descobrimos que havia caído a cortina do quarto.

No dia seguinte, visitamos a Praça de Armas, rodeada de igrejas seculares, que esbanjam esplendor, visto que o povo peruano é muito ligado à religião. Terminado o périplo pelas igrejas, nos preparamos para o ápice da viagem: Machu Picchu. Para chegarmos lá, primeiramente pegamos o trem. Cada um pagou 50 dólares. Veio uma van que nos apanhou no hotel e nos levou para a estação. Como o trem sai do centro, que é mais baixo e tem que subir o morro, o trem faz um zigue-zague até alcançar o topo. Com isso, tivemos oportunidade de ver certas crenças do povo peruano, como colocar em cima de seus telhados figuras de animais, que eles chamam de "*toritos* de Pucara", para proteger, dar boa sorte, fertilidade (agricultura e gado) e trazer prosperidade.

A viagem é por paisagens muito bonitas. O trem vai serpenteando ao lado do Rio Urubamba, que mais tarde se junta com o Rio Marañón, dando início ao Rio Amazonas. O trem vai até Aguas Calientes, e então sobe-se o morro até Machu Picchu de ônibus. No Peru, existe uma tradição de, durante o Carnaval, jogar água em quem puder. No trem, tínhamos que deixar as janelas fechadas, pois, nas paradas, o pessoal jogava baldes de água contra as janelas – azar de quem as tivesse aberto, pois ficava todo molhado.

Machu Picchu é um lugar meio místico, onde parece que não dá para falar alto. Ninguém sabe onde foi parar a Nação Inca, tão avançada e sem deixar vestígio de seu desaparecimento. Sabe-se que o abandono ocorreu na hora do almoço e, supõe-se que foi no momento em que souberam que os espanhóis chegaram a Cusco. É intrigante que uma civilização tão grande, a ponto de abranger vários países e tão avançada, outras tribos mandavam elementos para aprender engenharia, astronomia e medicina com os Incas, tenha sumido completamente.

Machu Picchu é impressionante: tem duas áreas – a agrícola, formada principalmente por terraços e recintos de armazenagem de alimentos; e a urbana, formada pelas casas onde se destaca a zona sagrada, com templos, praças e mausoléus reais. Fica-se impressionado de como puderam se estabelecer numa montanha tão alta que, quando se olha para baixo, quase dá uma vertigem.

Os ônibus, na época que fomos, subiam a montanha pela manhã e retornavam à tarde. Na descida, sentamos à frente e quase morremos de medo: o motorista descia aquelas curvas numa disparada que agarrávamos no banco como se a qualquer momento desceríamos pela janela e chegaríamos lá embaixo sem precisar de transporte. Também nos acompanhava, a pé, um menino que tocava flauta. O menino, como as curvas eram muito acentuadas, encurtava o caminho descendo pelo mato, chegando antes de nós na próxima curva. Em cada ponto da curva, lá estava o menino tocando músicas típicas da região. Ao final do trajeto, veio nos vender flautas. Pelo esforço dele, muitos compraram, apesar de não saberem tocar e, também, para levar como lembrança de um local tão bonito, principalmente a Dirce, que ficou encantada com a agilidade do menino.

Estávamos agora em Aguas Calientes, pegando o trem para regressarmos a Cusco, e tratarmos da volta.

Em assembleia, concluímos que o único caminho razoável para chegar ao deserto do Atacama nos levaria muito ao Sul, ao deserto de Nazca. A saída foi pegar um avião com destino a Lima. Aderbal foi escalado para contratar uma van que levasse as bagagens até o aeroporto. Mas o motorista não en-

Vista de Machu Picchu, Peru

tendeu o espanhol do Aderbal e disse: "*I don't speak english*". Resolvido o problema, lá se foi a van levando as coisas e mais as mulheres do grupo: Volnete, Tânia e Dirce. No caminho, a van foi multada em 35 soles e o motorista estava cobrando cinco soles pela corrida. Claro que essa despesa foi paga pelo grupo. Indo com as motos para o aeroporto — *splash* — Julio levou um saco de água na cara. Essa tradição, de que já falamos, acumulou muita água nos trilhos de trem que tínhamos que atravessar. O Aderbal, ao passar pelos trilhos molhados, viu sua moto, desgovernada, deitando na pista. Já no aeroporto, tiramos parte da carenagem e toda a gasolina, que doamos aos policiais.

No avião de Cusco a Lima

O avião, um tanto enferrujado – não dava quase para ver a marca – tratava-se de um Boeing 727, muito velho e barulhento e, pasmem, nesse voo estávamos apenas o nosso grupo, duas indígenas e um engenheiro estagiário de voo. Vimos paisagens muito lindas do alto. A Cordilheira dos Andes, branca de neve. As motos de Felix, Tarsio e Aderbal foram nesse voo; as de Julio e Nilson, foram em outro voo. No transporte, todas as motos sofreram alguma avaria. Dirce sentiu a famosa pressão sobre os ouvidos, que lhe deu uma bela dor de ouvido.

Chegamos a Lima, cidade de um trânsito caótico, confuso, buzinas para todos os lados, pessoas furando os semáforos, carros quase todos batidos, motos e ônibus que fecham uns aos outros o tempo todo. É um Deus nos acuda! Numa fechada dessas, um carro simplesmente atravessou à nossa frente, arrancou os nossos alforjes e, por pouco, não fomos ao solo. Tivemos de parar para arrumar os alforjes, ajudados pelo Nilson. Ufa! Conseguimos sair sem arranhões daquele trânsito louco de Lima.

Chegando a Lima, contratamos uma van que nos levou para vários pontos da cidade. Um dos mais interessantes foi a Praça dos Amores.

Como partiríamos no meio da noite em outro voo até Arequipa, decidimos ficar no aeroporto. Confessamos que não foi uma boa ideia. Alguns dormiram em cadeiras; outros, no chão; até a hora de embarcar.

Em Arequipa, já de posse das motos, almoçamos e planejamos o próximo trecho até Moquegua.

Já estávamos no deserto do Atacama, o deserto mais árido do mundo, cujo índice pluviométrico médio é de um milímetro por ano, mas há lugares nesse deserto que faz 400 anos que não cai um pingo de chuva.

Entre muitas curvas e, também, trechos planos e longas retas, percorremos o percurso de 231 km rumo à Moquegua. Lá pelas tantas, avistamos Moquegua, um oásis no meio do deserto. Muito impressionante. A polícia rodoviária da cidade não permitiu que acampássemos nas imediações. Como o catolicismo no Peru compreende 94% da população, pensamos em nos socorrer na igreja. Lá fomos, Evaldo e eu, falar com os padres, bem na hora que se iniciou a missa (eita missa longa!). Finda a pregação do padre canadense, a multidão diluiu-se e fomos ter com o vigário. Falei que éramos um grupo católico, conhecendo o Peru. Prontamente, ele aceitou e nos conduziu ao local onde seríamos acomodados. Mesmo com a insistência do religioso, recusamo-nos a dormir naquelas camas com lençóis tão brancos, numa região que não chove e considerando que, tratando-se de motociclistas, são necessários vários banhos para remover o óleo e toda a impureza que vamos acumulando na estrada. Aceitamos colocar nossos sacos de dormir na sala de reuniões. Foram momentos sublimes que passamos ouvindo e conversando com os padres naquela noite.

Partimos rumo à Tacna e nos despedimos do Peru.

CHILE

Entramos no Chile e chegamos a Arica na hora do almoço. No restaurante, fizemos o pedido do

Entrando no Chile

menu. Nilson pediu carne de gado e Dirce, peixe. Conversamos muito com os nativos, principalmente sobre o deserto. Um soldado disse que ele tinha 29 anos e nunca viu uma chuva, só pela TV. Papo vai e papo vem, Nilson dormiu recostado em um pilar. No momento em que o garçom trouxe os pratos, Dirce olhou e, num momento de prestidigitação, trocou-os. Nilson acordou e, descontente com a manobra da parceira, meteu a mão no bolso, tirando dólares e documentos. Ao depositá-los com alguma energia sobre a cadeira, produziu certo estalido. Indignado, o comensal atravessou a avenida e foi dormir na praça. Sem maiores problemas.

Pela Rota 5, chegamos a Pozo Almonte, onde dormimos. Conhecemos um grupo de brasileiros que estavam instalando energia elétrica nas montanhas.

De lá, fomos a Iquique, uma espécie de zona franca. Por lá, é comum ver cegonheiros carregados com veículos usados procedentes da Ásia.

Em Iquique, não conseguimos hotel, então nos acomodamos num albergue, localizado em um colégio. Na época de férias, empurravam as carteiras escolares para o fundo das salas e alugavam-nas. Cada um com seu colchonete, ou saco de dormir, nos ajeitamos como deu, um do lado do outro, um monte de gente.

Naquela noite, a seleção brasileira jogava com a do Paraguai. Fomos jantar e a promessa era de que, a cada gol que o Brasil fizesse, tomaríamos um chope. Não sabíamos que o caneco era de um litro, e o Brasil fez quatro gols. Por causa dessa extravagância, saímos do restaurante e, ao chegar ao albergue, os casados estavam em desentendimento com suas mulheres. Tânia, por birra com Julio, arrastou o colchonete dela lá para outro canto. O sono veio logo, e boa noite. Lá pelas 2h da madrugada, o prédio tremeu, as janelas bateram. Evaldo consultou a nativa que dormia ao lado, mas ela dizia: "*Yo no te entendo*". O povo evaporou e Tânia arrastou o colchonete para perto do Julio. Mas que diabo era aquilo?

Um tremor de terra de 5,5 graus na Escala Richter.

Ao levantarmos pela manhã, abrimos a porta e nos deparamos com o pessoal que foi passar o restante da noite na quadra de esportes, apesar do frio.

A justificativa foi: "está em nossa memória o sismo de Valdívia, de 22 de maio de 1960. Com poder de destruição de 9,5 Mw na Escala Richter, o epicentro ocorreu há 33 km de profundidade e a 570 km ao sul de Santiago. O número de mortos foi de 1.655; o de vítimas, perto de 7.000". Estava explicado.

De Iquique, seguimos por uma rodovia mais próxima do Oceano Pacífico, deixando a Panamericana por um tempo, até Antofogasta, foram 430 km. Estávamos próximos da famosa escultura da mão. Na parte de trás da tal mão, a areia é fofa. Tiramos fotos, fizemos uma parada rápida e seguimos em frente. Após percorrer uma curta distância, percebemos a falta do Evaldo. Após breve tempo, ei-lo. Ele tentara passar com a moto por trás da tal mão e ficou atolado. Foi socorrido por dois argentinos que acabavam de chegar.

Encontravam-se nesse trajeto muitos pontos de mineração de salitre, cobre, zinco e ouro.

Próximo a Copiapó, começaram a aparecer as primeiras vegetações. Percorrendo a estrada, estranhamos o hábito que a população tem de construir pequenos mausoléus onde alguém morre em acidentes.

Chegando à comuna de Taltal, região de Antofogasta, encontramos um restaurante e hotel à beira da estrada, onde nos acomodamos. Ali, ficamos sabendo que deveríamos cuidar bastante com a água, pois era trazida de outros lugares pelo preço de 90 dólares por oito mil litros, devido ao fato de a água da região ser salobra, ou seja, imprópria para o consumo humano. Além disso, às 22h eram fechadas as torneiras e desligadas as luzes. No entanto, não fomos avisados de que seriam soltos dois monstruosos cachorros que, naquela escuridão, eram responsáveis por manter a segurança. Lá pela madrugada, tive que sair da meia-água batizada de hotel para fazer um xixi. Foi só abrir a porta e enfrentar a escuridão para que um cachorro branco e um de cor escura – o que o fazia invisível naquela escuridão – viessem ao meu encontro. Pelos decibéis emitidos em seus latidos, eram cães de porte respeitável. Eu me defendi chutando o branco, pois podia vê-lo vagamente, e também chutei na direção dos latidos ferozes do outro. Saí ileso, mas xixi, só do alto da porta.

Ao nos aproximarmos de La Serena, a estrada era premiada com muitas curvas. Admoestei Vol-

Escultura no deserto de Atacama, rodovia pan-americana, Chile

nete, minha caroneira, pois julgava que ela estivesse meio sonolenta, visto que a moto tinha uns ranços de desobediência. Era um pneu furado.

Após o café, partimos. Nesse trajeto, vimos um monte de gente oferecendo cabras e cabritas em pedaços ou inteiros. Fomos parados pelo guarda carabineiro que nos disse que, no Chile, as motos têm que andar em fila indiana.

Chegamos a Vinã del Mar. A praia é linda, mas fria para nosso padrão. Ali, Aderbal parou um trem ao meter-se a atravessar a via férrea. Dirce e Julio, próximos ao mar, foram atingidos por respingos de uma onda.

Amigos de Colina, Chile

Ligamos para os amigos de Colina. Lembram daqueles amigos que eu e Nilson encontramos em outra viagem e de quando Alexandro me defendeu daquela velha rabugenta? Eram eles mesmos, e mais outro amigo que cantava músicas brasileiras e tocava violão. Este último havia fugido para o Brasil devido à pressão política de Augusto Pinochet. Morou no Brasil por três anos, depois regressou para seu país. Foi uma grande festa naquele sábado à noite. No domingo, saboreamos um churrasco na propriedade rural do Alexandro. Após o almoço, partimos para mais um trecho.

Em Los Andes, Julio ultrapassou-nos pela direita no momento em que eu iria dobrar a esquina. Fomos ao solo, logicamente, mas sem grandes danos. No momento em que estávamos nos recompondo, um barulho nos chamou a atenção. Um galho de um álamo (árvore muito alta) despencou, quase nos atingindo.

Subimos a parte chilena da Cordilheira dos Andes, os tais caracóis, entrando no túnel Cristo Redentor e saindo na Argentina. Tiramos fotos do Aconcágua, o pico mais alto da América do Sul, com 6.885 m de altura. O vento nos fustigava com força.

Chegamos a Potrerillos, um cenário lindo da Pré-Cordilheira, com o Rio Aconcágua nos acompanhando à nossa direita.

O próximo acampamento foi num posto em General Cabrera, província de Córdoba. A região era muito rica, com agricultura espetacular e estrada muito boa.

Passamos por General Deheza, abastecemos, saindo em direção de Vila Maria, onde Aderbal foi multado em 30 dólares por estar acima da velocidade, que era de 60 km por hora.

Acampamos em Viale, um *camping* municipal, por 260 dólares o quiosque. Choveu à noite, molhando os sacos de dormir. Pela manhã, reunimo-nos num posto de combustível, dando uma trégua, pois, na direção que teríamos que seguir, o tempo estava muito escuro, fechado. De repente, Tarsio, talvez emputecido pela enrolação, sem dizer uma palavra, acelerou e sumiu. Na sequência, deu uma pane seca na minha moto, Nilson foi buscar um galão de combustível, abastecemos, saímos e fomos barrados pela polícia que, alegando excesso de velocidade, convocou um de cada vez a um cubículo e exigiu 20 dólares por moto. Pronto, saímos da Argentina.

Entramos no Brasil e acampamos em Uruguaiana, à margem de um lago. Na noite seguinte, posamos em Panambi, de onde saímos, de manhã, rumo à Nonoai e, depois, Chapecó.

Quando nos aproximamos da cidade, fomos surpreendidos pela presença de muitas pessoas, além de a equipe de televisão, que também esteve presente na chegada. Fomos conduzidos para a frente da loja Motocar, onde nos esperavam mais pessoas. Churrasco, bebidas, abraços, fogos, emoção indescritível.

Em seguida, rumamos para a nossa cidade, Cunha Porã, Santa Catarina, felizes e, como sempre, com muita saudade dos filhos, aos quais abraçamos demoradamente. Estávamos prontos para um merecido descanso, pensando já numa próxima viagem.

GRUPO
GALO
YAMAHA

Chegando da viagem

5

PATAGÔNIA E USHUAIA

TERRA ÚNICA E REPLETA DE MARAVILHAS NATURAIS – PATAGÔNIA

FIN DEL MUNDO – USHUAIA

A Patagônia é uma grande área delimitada pela Cordilheira dos Andes. Entre a Argentina e o Chile, está localizada no extremo sul da América do Sul. Na Argentina, vemos estepes áridas, pastagens e deserto. No Chile, fiordes glaciais e uma floresta temperada. É uma região encantadora, tanto pelo lado argentino como pelo lado chileno.

A incursão à Patagônia tem como principal sonho de todos os motociclistas chegar a Ushuaia, a cidade mais meridional do globo, conhecida como "*fin del mundo*". Situada a 5.500 km de nosso município, Cunhã Porã – SC, é elementar que os preparativos mereciam mais atenção.

Entrada na região da Patagônia

A formação dos viajantes dentro do grupo Galo foi com base na voluntariedade. Ficaram, então, três casais: Felix Bregalda e Volnete, Gilmar Cocco e Solange, Nilson Immich e Dirce.

Confesso que nos agradou o fato de o grupo ser pequeno. Em outras aventuras, sentimos as dificuldades de acomodar aquela revoada de motociclistas em hotéis, restaurante etc., pois no caminho, no momento de proceder com a ultrapassagem, alguém sempre ficava para trás, vendo-se na premência de acelerar mais até se juntar ao grupo. E isso sempre é feito com riscos.

Tudo pronto e era chegada a hora de pegar o trecho, o que ocorreu em 24 de dezembro de 1998.

Entramos na Argentina pela cidade de Bernardo de Irigoyen e buscamos a Rota 14, pela qual rodamos até Buenos Aires.

Mas para Oberá estava pautada uma visita a um grande amigo, empresário de motos, com larga presença e entusiasmo nesse mister.

Os 400 km percorridos naquela manhã propiciaram a chegada em Oberá próximo ao meio-dia. Levamos nosso abraço ao Sr. Plínio Lindstroen e acatamos a sugestão de almoçar por lá. No restaurante, compareceram uns dez convidados, empresários, médicos e proprietário de TV.

Ao reiniciarmos a viagem, fomos acompanhados por eles até a saída da cidade, demonstrando que só o motociclismo é capaz de, como num passe de mágica, transformar uma plêiade de estranhos senhores em amigos. Pouco tempo depois, ninguém mais apareceu no retrovisor, e descortinou-se à nossa frente uma natureza empolgante e muitos quilômetros de estradas por rodovias emocionantes.

E assim, repletos de alegria, tendo a oportunidade de, sob o capacete, cantar, orar, fazer planos e agradecer a Deus por tudo que tem feito por nós, por nossa família, por nossos amigos e por estar sempre conosco quando alguma aventura poderia estar próxima à irresponsabilidade.

Após rodar 693 km, chegamos a La Cruz, onde passamos a primeira noite. A acomodação escolhida foi um gramado junto de um posto de combustível cujo dono franqueou as instalações como conveniência, chuveiros etc. Acordamos, era Natal. Levantamos muito cedo, desarmamos as barracas e deixamos para trás a província de Corrientes.

Em seguida, sentimos o efeito malévolo da corrupção: a barreira policial exigia o porte do triângulo. Resolvido esse problema, eis que de uma estrada vicinal surge uma viatura, com a sirene ligada. Aproximou-se de nós e, nas cercanias de Concórdia, inexplicavelmente acabou a perseguição, foram para o acostamento e ali permaneceram.

Mas a alegria não durou muito. A Rota 14, próxima a Buenos Aires, ostentava uma densidade muito grande de veículos. Estávamos rodando como num comboio, sem muita condição de ultrapassagem, portanto, todos numa velocidade única. Em dado momento, avistamos uma viatura sob uma árvore, e repentinamente seus ocupantes adentraram-na, pondo-a em movimento. Como disse, todos seguiam à mesma velocidade, razão pela qual não entendemos por que somente Felix foi selecionado. Uma viatura, em péssimo estado, ultrapassando uma fileira enorme de veículos até chegar à nossa moto, com os piscas ligados, foi nos encurralando e nos jogando para fora da rodovia, como um animal sendo separado dos demais para ir ao sacrifício. Na conversa, os policiais não sabiam o porquê da investida estranha contra nós, mas deixaram claro rapidamente que queriam 100 dólares. Relatamos nossa situação social não avantajada, que viajávamos com moto alugada etc., e que não tínhamos tanto dinheiro. Nesse momento, um policial abriu o capô do veículo e o outro foi sintonizar o rádio. Passados uns minutos, era a nossa vez de irmos à abordagem para resolver a situação. Nilson e Gilmar seguiram em frente, o que dificultou a argumentação, mesmo assim, tivemos que pagar 20 dólares.

Encontro com os motociclistas de Rondonópolis

Seguimos até próximo a Zárate, onde encontramos nossos colegas à sombra de uma árvore às margens da rodovia. Naquela sesta, recebemos a visita de dois motociclistas, médicos, de Rondonópolis. Um deles, de origem argentina, passou-nos muitas informações e afirmou que, após a província de Buenos Aires, a polícia seria muito diferente.

Deixamos para trás um trecho de estrada ruim, e agora estávamos indo para Bahía Blanca, transitando numa rodovia ótima. A cada cinco quilômetros, existia um telefone. Em Olavarría, a leitura do mapa falhou e fomos parar em San Carlos de Bolívar.

Quando a tardinha chegou, estávamos aportando em Guaminí. Fomos aconselhados pelos nativos a acampar num balneário com um lago de água salgada – instalações maravilhosas, cercadas de árvores e gramados.

Armamos as barracas em lugar adequado e, nesse momento, ouvimos o roncar de motos. Um grupo de motociclistas locais tomaram conhecimento da nossa presença e foram até lá, o que fez nascer uma grande amizade. Rodeados por um pessoal de lá, rolou muita festa e muita cerveja. O papo correu solto sobre temas diversos como aventuras, histórias...; Volnete aproveitou para questionar o farmacêutico sobre Educação. O questionamento que mais rendeu conversa foi o fato de na Argentina não existirem negros nem indígenas. O farmacêutico foi enfático: isso deveria ser objetivo do governo, pesquisar onde foram parar os afrodescendentes e os indígenas. Li no livro *Caminhos da Grande Cordilheira*, do motociclista aventureiro Clodoaldo Braga, que os fazendeiros contratavam um tal de Julio Popper para espantar os indígenas na intenção de fazê-los atravessar a Cordilheira dos Andes e ir para o Chile. No começo, o tal Julio pagava por uma orelha de indígena, logo foram vistos nativos andando pelas cidades com uma orelha só. Ele partiu então para a remoção da segunda orelha, o que não adiantou nada. O quadro só teve sucesso quando passou a exigir um órgão vital, como o coração. Mais tarde, quando passamos por San Sebastián e almoçamos com uma equipe de TV norueguesa, que estava por lá para fazer um documentário, seus integrantes nos informaram que sabiam de um único indígena embrenhado na floresta, próximo a Ushuaia.

Bem, na manhã do dia 27, partimos deixando para trás Guaminí e muitos amigos, os quais sabiam um monte de músicas brasileiras.

Seguimos rumo à Bahía Blanca, onde apenas circulamos na cidade para conhecê-la e rumamos para Río Colorado. A região é quente, com temperaturas em torno de 35º C e altitude de 110 m. O vento soprava em todas as direções. Muitas abelhas se divertiam em seus voos caóticos, encontrando Felix e Gilmar para dar uma ferroada. Chegamos a San Antonio Oeste com um clima ameaçador: nuvens carregadas, tempo meio frio. Conseguimos alugar uma casa e, mal havíamos entrado, a chuva desceu copiosa. Foram momentos bons que passamos lá. Após o sorteio para determinar quem ficaria com a cama de casal, que fomos nós, trabalhamos num jantar ao nosso estilo, com chimarrão e outros luxos.

Pela manhã do dia seguinte, Dirce cometeu o despropósito de tomar um novo banho. Ritual iniciado, corpo ensaboado, olhos fechados e um pequeno desequilíbrio, girou um bailado dentro do box e lá foi a Dirce ao solo, batendo, sem muito dano, a cabeça no chão. Após algum tempo, medicada e constatada a integridade física, iríamos reiniciar a viagem, porém, ao preparar a partida, Gilmar percebeu que o bagageiro da sua moto havia se rompido. E lá foram Gilmar e Nilson a uma oficina resolver o problema.

Retomado o périplo, circundamos o Golfo San Matias, com destino a Puerto Madryn e Península Valdés. Esse trajeto é uma espécie de descampado, com estradas ruins e poucas habitações.

Em dado momento, a capoeira balançou e eis que um filhote de onça atravessou a estrada em nossa frente, quase provocando um acidente. Depois de uma brusca freada, é claro que acelerei, temendo que a mãe do felino pudesse estar atrás. Mais tarde, ficamos sabendo tratar-se de um gato-montês cujo *habitat* é a Patagônia.

As cidades passaram a se localizar mais distantes, como 300 km. Dá um certo estresse diante da possibilidade de pane seca.

Almoçamos em Sierra Grande e entramos na província de Río Negro. É uma região com baixa pluviosidade, havendo, portanto, escassez de água, assim como é no sertão do Nordeste brasileiro. Nessa região, Volnete tentou sentar na vegetação e ui... era dura, quase como espinhos. Solução: ficar de pé ou sentar no asfalto.

Lá pelas tantas, encontramos um casal de holandeses que planejavam ficar um ano andando de bicicleta. Trocamos algumas informações e, ao reiniciar a viagem, percebemos que a nossa moto estava com o pneu furado. Trocada a câmara (naquele tempo só existia pneu com câmara), com a ajuda do Nilson e do Gilmar, seguimos em frente até Puerto Madryn. Acampamos em um lugar inóspito, com muita areia e pouca grama; estávamos em Puerto Pirámides, na Península Valdés. Para adentrar nessa área, era necessário pagar cinco pesos por pessoa. Matamos a fome na conveniência do posto, com direito a uma garrafa de vinho.

Consertando o pneu no caminho para a Península Valdez, Argentina

No outro dia, lotamos uma van para percorrer os 250 km da península. Nesse dia conseguimos ver várias espécies, como: focas e leões marinhos. Quando se está com sorte (não tivemos), é possível deparar-se com as baleias orcas, pois é lá seu costumeiro *habitat*. No final do dia, visitamos um oásis com água potável nas proximidades de uma montanha de sal de em média cinco metros de altura. Os nativos afirmam que esse monte de sal é formado por uma comunicação subterrânea com o mar.

Findo esse programa, era hora de ir em frente. Próxima parada: Trelew. Aí Nilson e Gilmar trocaram

Agradando o filhote de guanaco

os pneus para trafegar mais adequadamente no rípio. Não havia pneu para a nossa Cagiva (Ducati 750), então o negócio era encarar esse tipo horrível de estrada. Deixamos Trelew com a promessa de voltar e comer um churrasco de ovelha com o dono da loja.

Almoçamos em Garayalde e, em seguida, seguimos rumo a Camarones para visitar meio milhão de pinguins.

Na entrada do parque, junto à administração, encontramos três filhotes de guanaco abandonados pela mãe, possivelmente morta. Volnete não se conteve e conseguiu uma mamadeira para fazer-lhes um agrado.

É impressionante ver a velocidade que os pinguins chegam pelo mar e vão à terra, trazendo alimentos para os filhotes (vimos os ninhos dos pinguins) e até onde passarão a noite. A algazarra é ensurdecedora.

Voltamos por uma estrada de rípio até a Rota 3 e rumamos para Comodoro Rivadavia, capital nacional do petróleo, na região da província de

Camarones - Pinguins em seu *habitat*

Chubut. Já estávamos sentindo frio e nos incomodavam os ventos, que nos obrigavam a mudar nossa forma de pilotagem: era preciso inclinar a moto para o lado de que o vento vinha, baixando o centro de gravidade, para não sermos jogados para fora da rodovia. Gilmar e Solange experimentaram uma desconfortável levitação com uma lufada de vento que os surpreendeu, depositando-os no acostamento do outro lado da pista. O trecho com esse desconforto chega próximo a 2.000 km, e já tínhamos experimentado lufadas de 130 km/h. Pela manhã, ao acordar, a primeira coisa a se fazer era olhar pela janela para ver a inclinação das árvores; se estavam muito inclinadas, era certo que iríamos enfrentar vento forte.

Acontece que a Patagônia não é um deserto, mas está em estado de desertificação. Nada se produz naqueles confins, daí a necessidade de tudo ser transportado para lá, e isso demanda caminhões fechados, do tipo baú. Para ultrapassar um veículo desses, que está sendo fustigado pelo vento, exige certo protocolo. Se o vento sopra à sua direita, você inclina a moto também para a direita. Porém, quando se entra no domínio do caminhão, o vento é atacado pela carroceria e, caso você não esteja atento e não retomar a posição da moto, corre o risco de entrar embaixo do bruto. O mesmo risco corre-se ao concluir a ultrapassagem.

Deixamos Comodoro Rivadavia para trás e estávamos em Rada Tilly abastecendo as motos, dispostos a acampar por ali, apesar de ainda ser muito cedo. Mas era o último dia do ano. No posto mesmo, pedimos informação sobre algum *camping* ou hotel. Um cliente do posto que ouviu a conversa prontificou-se a nos apresentar as opções. Despachamos Nilson com o cidadão e, no retorno, a opção foi o *camping*. Resolvido o problema, o senhor que nos prestou o obséquio falou que gostaria que passássemos na casa dele, porque tinha um filho vidrado por motos. Não tivemos dúvida. Lá foi a comitiva agradar o garoto. Chegando lá, a recepção foi calorosa. Colocaram uma mesa com muitos quitutes e café, o que, para quem estava com frio e fome, foi maravilhoso. Esse senhor já havia feito a Cordilheira dos Andes de bicicleta. Entre fotos, muita conversa e risadas, sentimo-nos agradecidos pela bondade da família argentina.

Bem, mas era hora de ir para o *camping*, armar as barracas e providenciar uma peça de pecuária para pôr numa churrasqueira. Iniciados os trabalhos, recebemos a visita de dois motociclistas cavalgando uma Africa Twin, trazendo o convite para que passássemos a virada de ano na casa deles. A insistência foi grande: deixaram o endereço e recomendações. Ficamos de decidir. Nesse ínterim, passamos próximo à casa deles e constatamos tratar-se de uma festa de elevada elegância:

Rada Tilly, fazendo amigos

homens vestindo terno e gravata e as mulheres, vestido longo. Era muito chique e desistimos, intimidados pela diferença de apresentação social que ocorreria. Fomos ao mercado e nos preparamos para a nossa festa, regada a quatro garrafas de vinho e demais ingredientes para o churrasco. Nesse dia, choveu e estava muito frio, mas nada que nos fizesse perder a alegria. Mais tarde, os amigos voltaram ao nosso acampamento, com o mesmo convite. Declinamos, valendo-nos do nosso acanhamento e lamentando profundamente, mas a indumentária de um motociclista (ainda mais de moto, onde levamos pouca roupa) não combina com a elegância da sociedade em festa. Um pouco chateados pela nossa involuntária falta de refinamento, voltamos ao nosso acampamento, pois a churrasqueira esperava aquela pecuária. Iniciados os trabalhos, vinhos abertos, alegria e vida que segue. À meia-noite, o clima já estava muito festivo quando pipocou o foguetório, cantoria e muitos augúrios para o próximo ano. Gritávamos do nosso acampamento “viva o Brasil”, ao qual éramos respondidos com “viva a Argentina”.

No dia seguinte, despertamos mais tarde e seguimos em direção à Caleta Olivia. A essa altura, nossa moto Cagiva deu pane elétrica: apagou a luz, escureceu o painel. Nilson fez um fusível com um arame juntado não sei de onde. Estávamos num posto de combustível fazendo o conserto quando apareceu Martin, um analista de sistemas, pilotando uma Transalp 600, dois cilindros etc., pedindo se permitíamos que ele viajasse conosco, já que estávamos indo na mesma direção. Evidentemente, aceitamos; assim, Martin viajou conosco quatro dias e ensejou momentos de debates, com cada um defendendo seu país. Claro que isso sempre acontecia depois do jantar, após a bênção do deus Baco. Findo esse período, Martin pegou outro rumo, e nos separamos com um "vai com Deus".

Nesse trajeto, o frio foi inclemente e as estradas quase toda de rípio. Para quem não sabe o que é o tal de rípio, são pedras redondas, lisas, como as que encontramos no fundo dos rios. Na região, são colocadas sobre as estradas no lugar do cascalho que usamos no Brasil. Ocorre que, no encontro com outros veículos, esse rípio se esparrama em todas as direções, fraturando faróis, outros vidros e danificando a lataria. Todos que transitam lá usam uma tela ou papelão para proteger principalmente os faróis. Para que o leitor tenha uma ideia, nessa viagem encaramos 1.400 km em trechos intermitentes de rípio. A duras penas, chegamos a Puerto San Julián.

Assim, seguimos em frente pela Rota 3, sentindo cada vez mais frio e cada vez mais a intenção do vento de nos remover da estrada para o mato. E isso produzia certo estresse, de modo que, ao chegar à noite, o cansaço era grande, assim como o mau-humor da comitiva, mas nada que um bom vinho não resolvesse.

Dessa maneira, chegamos a Río Gallegos. Com mais 61 km, chegamos a Monte Aymond, na fronteira com o Chile.

Esperando *ferry boat* para atravessar o Estreito de Magalhães

Feitos os trâmites aduaneiros, carimbos em nossos passaportes, e lá seguimos nós rodando até Punta Delgada, onde nos dirigimos para o Estreito de Magalhães. Tomamos uma embarcação que nos transportou para o outro lado em 15 minutos de navegação.

Mas o que é o Estreito de Magalhães? É uma passagem que liga o Oceano Atlântico ao Pacífico. Está localizado no sul da América do Sul. Mede aproximadamente 570 km de comprimento e 2 km de largura no seu ponto mais estreito e está situado entre o continente e a Terra do Fogo. Foi descoberto por Fernão de Magalhães, em 21 de outubro de 1520, e teve muita importância para os navegadores que transitavam pelos dois oceanos. Porém, perdeu importância quando, em 1914, inaugurou-se o Canal do Panamá.

Sobre a Terra do Fogo, conta-se que, há muitos anos, existiam tribos indígenas que tinham o hábito de aquecer pedras durante o dia e, à noite, elas eram colocadas nas ocas para aquecê-los. Dessa maneira, aparecia muito fogo em toda a área. Os navegadores, ao se aproximarem para passar no estreito, comentavam que estavam chegando na terra do fogo. Eis o porquê do nome “Terra do Fogo”. Havia também uma tribo cujos indígenas eram chamados de "patagones", ou seja, pés grandes, como era sua característica. Daí o nome "Patagônia".

Bem, voltemos ao Estreito de Magalhães. Ao chegar lá, ficamos sabendo que aquele barco fazia apenas uma travessia diária, e já tinha partido. Nas imediações, era impossível acampar devido ao frio inclemente, ventos e, naquele dia, chuva também. A solução foi voltar para Punta Delgada – 17 km. Alugamos uma casa, onde havia uma lareira, que fumegou a noite toda.

No outro dia, amanheceu chovendo e a temperatura era de sete graus. Seguimos rumo ao estreito e aguardamos a travessia. A bordo, as mulheres, Volnete, Dirce e Solange, aboletaram-se na cabine aquecida do marinheiro, para aguentar a baixa temperatura. Já em terra firme, seguimos em solo chileno, com destino a San Sebastián (Argentina), após fazer os trâmites de saída do Chile e entrada na Argentina.

San Sebastián é uma pequena vila, uma espécie de entroncamento rodoviário. Novamente, alugamos uma casa onde passamos uma noite fria e, no dia seguinte, deixamos para trás Rio

Grande, seguindo deslumbrados com a beleza da Terra do Fogo, já próximos de Ushuaia.

Antes de chegar ao nosso destino, paramos para ver e fotografar lindos lagos, como o Lago Escondido. Percorremos uma estrada lamacenta e, depois, rípio. Chegamos a Ushuaia pouco após às 12h e tivemos dificuldade de encontrar um restaurante aberto. Circulamos pela cidade de 45 mil habitantes até que, de repente, encontramos um que estava aberto e era ótimo.

Por sugestão dos funcionários do restaurante, optamos por um albergue de mochileiros, posto que o setor hoteleiro estava difícil. Alugamos um chalé com três camas beliches confortáveis, mas a grande circulação de pessoas tirava um pouco o sossego.

Caminhando em direção ao mercado, onde iríamos comprar alguns ingredientes para o nosso frugal jantar, passamos por um grupo de jovens sentados sobre um muro tentando nos definir. Devido à nossa indumentária de couro preto, um deles sapecou: "*son corvitos*"; outro: "*son piratas*".

De volta do mercado, consumido o banquete regado a saborosos vinhos, o sono bateu para quase toda a comitiva. Lá pelas tantas, a Dirce gritou: "Felix! Invadiram o chalé!!!!!". Ainda meio sonolento, ameacei mandar bala (que, obviamente, eu não tinha) e o cabeludo escafedeu-se sem levar nada.

Saímos do chalé após o café tomado do lado de fora, ao relento, e fomos em busca de uma casa de aluguel.

Conseguimos alugar uma casa de uma dentista nordestina que, após casar-se com um argentino, decidiu morar em Ushuaia. A casa era toda mobiliada e com calefação geral. Passamos momentos bons, e Solange revelou-se uma exímia cozinheira.

Visitamos o Museu Marítimo e Presídio de Ushuaia, que foi construído pelos próprios presos que foram enviados para a região, sendo eles, portanto, os primeiros moradores e fundadores da cidade. Eram presos políticos, tidos como os mais perigosos da época. A fuga era impossível, devido ao isolamento geográfico (águas). Muitas tentativas de fuga ocorreram; porém, uma do lado de fora, os presos não tinham para onde ir e acabavam voltando para o presídio. Esse local foi palco de muitas crueldades, até ser desativado e transformado em museu em 1947.

Estrada próxima a Ushuaia

A bordo do barco Barracuda, circulamos pelo canal de Beagle, pela ilha dos pássaros, pelo farol etc. E por falar em canal de Beagle, este trata-se de uma passagem que liga os dois oceanos, mais ao sul de Ushuaia, e que desencadeou um litígio entre a Argentina e o Chile por causa de três pequenas ilhas, embora já tinha sido assinado um tratado pelos dois países, em 1881. A guerra estava para eclodir, mas, dois dias antes, o Papa João Paulo II, em 1984, mediou e pôs fim ao conflito.

Bahia Lapataia, Parque Nacional Terra do Fogo

Continuando a visita a Ushuaia, estávamos agora no Parque Nacional Tierra del Fuego. O parque tem seus encantos, mas deve ter sido melhor antes da presença dos castores. Este animal é o segundo maior roedor do mundo, depois da capivara. Foram trazidos do Canadá 25 casais, em 1940, com fins comerciais, ou seja, pensava-se em usar suas peles, mas não deu certo. Atualmente, os castores constituem uma tragédia para o ecossistema. Eles têm o hábito de derrubar árvores (vimos muitas árvores caídas), arrastar os galhos para os rios e fazer represas. Com isso, provocam alagamentos e criam uma floresta-fantasma.

Enfim voltamos ao centro da cidade, e era hora de tirar uma foto na famosa placa: “USHUAIA FIN DEL MUNDO”.

Famosa placa “Ushuaia, Fin del Mundo”

Represa feita pelos castores

A última noite em Ushuaia foi muito emocionante. Solange, nas panelas, "tripudiou", e os vinhos argentinos ajudaram a festa. Estávamos felizes porque voltaríamos para casa, mas sentíamos porque não teríamos mais uma Ushuaia para desbravar. Era quase melancólico.

Chegou a hora de partir e deixar Ushuaia para trás. Até San Sebastián, o caminho de volta é o mesmo de ida pela Rota 3. Percorridos esses 333 km, estávamos de novo na aduana. Tínhamos que proceder com trâmites para sair da Argentina e entrar no Chile, com destino a Porvenir e, depois, Punta Arenas. Para chegar lá, é preciso atravessar o Estreito de Magalhães no ponto mais largo, o que demanda três horas de navegação.

Em Punta Arenas, tentamos visitar as Ilhas Malvinas, mas não havia voo e fretar um teco-teco custaria 13.000 dólares. Cancelado o programa.

O hotel em que nos hospedamos era uma espécie de hospedaria. À noite, Solange fez uma sopa como só ela sabia fazer. Os donos se fizeram presente, assim como a vizinhança, atraída pela presença de motociclistas estranhos. O papo rolou fácil e houve ótima interação. O problema mais preocupante na região, ficamos sabendo, é o buraco da camada de ozônio, pelo qual incidem raios ultravioleta (UV) sobre a população, frutas e animais. As plantas sofrem, as pessoas tentam se proteger com óculos escuros, protetores solares etc. Mas é preciso esclarecer que, desde o *boom* da atividade no Estreito de Magalhães, muitos europeus, deslumbrados com as áreas imensas, tornaram-se proprietários, fundando até cidades, o que é fácil de constatar até pelos nomes. Portanto, o sul da Patagônia é habitado por "branquelos", muito mais propensos ao câncer de pele.

Quanto aos animais, disse-nos uma fazendeira, durante o jantar, que as ovelhas perdem a visão, se chocam com obstáculos e não conseguem buscar comida. Na Patagônia, para cada ovelha, são necessários cinco hectares; em Santa Catarina, disse-me Nilson que criam-se cinco ovelhas para cada hectare de pasto.

Despedimo-nos daquele povo amigo e partimos para Puerto Natales, Chile, percorrendo 267 km de rodovias quase desertas, animais e chusmas de ovelhas.

Chegamos a Puerto Natales bastante cedo. Após o *check-in*, avistamos uma churrasqueira no fundo do hotel. Foi o que bastou para despertar o desejo. Levamos a nossa ideia ao dono do hotel, que aceitou de pronto. Eu vou com vocês à "carniceria" (açougue). "Mas estamos de moto", explicamos. "Eu tenho um veículo", ele esclareceu. E assim, a bordo de um carro velho que, para fechar a porta tínhamos que puxar com força uma corda e acreditar que a porta não cairia, visitamos vários açougues até que o dono do hotel estivesse satisfeito. Mandou o açougueiro cortar meio cordeiro. Nilson entrou em delírio, supondo altos custos. Encurtando a história, o velho entendia, tinha aparelhos, tempero, e a festa foi noite adentro.

No outro dia, passeando pela cidade, encontramos um casal da Dinamarca viajando de bicicleta, cada um com uma criança.

Partimos de Puerto Natales, Chile, com a expectativa da beleza do Parque Nacional Torres del Paine, na Patagônia chilena. Iniciamos com o Lago Sarmiento, o Lago e o Glaciar Grey. O vento joga, às margens do Lago Grey, blocos imensos de gelo, e vimos alguns turistas chilenos retirarem pedaços para colocar nos copos e tomar uísque.

El Calafate, Argentina

Partimos rumo a El Calafate, pela Rota 40, saindo do Chile e entrando na Argentina. O trajeto a percorrer era de 400 km não asfaltados. No caminho, precisei abastecer numa vila. O posto era uma pequena construção parecida com uma latrina, mas não havia ninguém. Fui buscar o frentista há uns 500 m. Ele entrou na casinha, abriu uma portinhola, alcançando-me a mangueira, e eu fiquei cuidando do tanque enquanto ele tocava uma

Torres del Paine, Chile

Lago e Glaciar Grey, Chile

manivela. E assim, chegamos a El Calafate, onde passamos o restante do dia.

No dia seguinte, percorremos 80 km de rípio para visitar o Glaciar Perito Moreno, sito no Parque Nacional Los Glaciares, na Argentina. O Glaciar Perito Moreno é um bloco imenso de gelo, medindo 250 km^2, e com 60 m de altura na frente. Crescendo dois metros ao dia, ele fica cada vez maior até desmoronar e provocar um estrondo, a distância. Esse fenômeno é conhecido como “escapada de Perito Moreno”.

Empolgados com a beleza do Glaciar, partimos, com a meta de andar 380 km em uma estrada de-

Glaciar Perito Moreno, Argentina

serta, de rípio, perigosa e estressante. Em um dado momento, um guanaco despencou de uma encosta e veio em alta velocidade para atravessar a estrada e, na minha previsão, ia se chocar com Gilmar, que ia à frente. Por sorte de todos, o animal passou a um metro de distância, dando-nos um susto tremendo.

Para quem não sabe, guanaco, lhama, alpaca e vicunhas da América do Sul são da mesma família dos camelos. Toda essa família é selvagem.

Seguindo essa estrada, chegamos à conhecida Rota 3, na qual andamos até Comodoro Rivadavia, onde entramos pela Rota 26, na direção de Sarmiento, com a intenção de chegar a San Carlos de Bariloche.

Era fim de tarde, rodávamos por uma estrada pouco movimentada em uma região agrícola com pequenas vilas, como Las Pulgas, Tamariscos etc. Ao chegarmos próximo a Gobernador Costa, nossa moto emitiu um ruído estranho, uma bateção metálica, ficando um só pistão funcionando precariamente. Conseguimos rodar até Gobernador Costa, pequena cidade com aproximadamente 2.500 habitantes.

No outro dia cedo, postamo-nos na estação de abastecimento, tentando uma forma de transportar a moto até Esquel, uma cidade um pouco maior. Naquele posto, foi possível perceber as variantes do caráter humano. Muitas caminhonetes que poderiam fazer o obséquio inventavam alguma desculpa para negar, mesmo quando falávamos que pagaríamos. Porém, de repente, surgiu o anjo salvador. Um motorista de caminhão, tipo Romeu e Julieta, concordou, apesar da dificuldade para subir a moto. Partimos às 8h, Volnete e eu na carroceria, enquanto Nilson e Gilmar ficaram de nos encontrar no primeiro posto de combustível da cidade, o que aconteceu horas mais tarde. O caminhão chegou às 10h e os companheiros apareceram somente às 15h, não justificando a demora. O posto, de porte pequeno, não oferecia qualquer conforto. Com certeza não era um ótimo lugar para passar cinco horas. Na mecânica que nos indicaram, ouvimos "*no hay repuestos*". O próprio mecânico nos encaminhou para Bariloche, e conseguiu uma Fiorino que ia até lá. Fizemos o trajeto, passando pelo meio do lago Padre Moscardi. O motorista, por conhecer bem o trajeto, avançava em alta velocidade, o que nos causava extrema ansiedade e estresse.

Procurada a melhor mecânica em Bariloche, ouvimos de novo: "*no hay repuestos*". Então, descobrimos que estávamos a pé, a 3.500 km de casa. Despachamos a moto em um caminhão e ficamos três dias em Bariloche.

Esses três dias foram muito bem aproveitados na cidade. Conhecemos o Cerro Catedral, o maior complexo de esportes de neve de Bariloche, e também da América do Sul. Subimos com as *aerosillas* (cadeiras aéreas) ao Cerro Otto; não tinha neve, mas estava bastante frio. Na parte de cima, após a subida do teleférico, há uma confeitaria giratória; ali jantamos, apreciando a natureza exuberante com seus matizes, incluindo o Lago Nahuel Huapi, de origem glacial, com 550 km^2. Fizemos o circuito dos sete lagos, que se destaca pela beleza natural.

Após esses dias, voamos para Foz do Iguaçu. Com esse episódio, não foi possível conhecer talvez a parte mais interessante do Chile. Essa viagem, também aqui relatada, foi feita mais tarde.

Lago Nahuel Huapi, Bariloche, Argentina

6

EQUADOR

PAÍS DIVIDIDO PELA LINHA IMAGINÁRIA DO EQUADOR

Entrada do Equador

O Equador e o Chile são os dois países da América do Sul que não têm fronteiras comuns com o Brasil. Quito, a capital, tem o centro histórico mais bem preservado da época da colonização espanhola, e também possui uma impressionante variedade natural que abriga parte dos Andes e da Amazônia.

Essa nova aventura do Grupo Galo foi apelidada de Projeto Equador, posto que o objetivo era rodar até a Linha do Equador. Essa linha é imaginária e divide o planeta em hemisfério norte e hemisfério sul. O nosso desejo de ir até lá era sentir a emoção de colocar um pé ao norte e outro ao sul da terra, e de conhecer outras plagas.

E assim, o grupo foi formado: Felix e Volnete Bregalda, Vilson e Angeline Almeida, Nilson Immich, Evaldo Metneck e Gilmar Coco.

Iniciamos a viagem em Santa Catarina, rodando pela BR 158, BR 282 e, depois, pela BR 163 por longo tempo. Não nos deteremos muito a discorrer sobre esse trajeto, pois já falamos em outra oportunidade. Percorremos as estradas de Santa Catarina, Paraná, Mato Grosso do Sul, Mato Grosso, Rondônia e Acre, perfazendo até Rio Branco quase 4.000 km sem muita novidade, pois é uma área de agropecuária muito forte, portanto, um tanto monótona.

Mas, no Mato Grosso, houve um momento em que enfrentamos queimadas, o que dificultava muito a visão devido à fumaça, tornando perigosa a pilotagem. Outro risco são os animais que podem atravessar a rodovia, pois existem muitos.

Recepção de amigos em Ariquemes, Rondônia

Também em Ariquemes, Rondônia, fomos recebidos pela família Kreuz, Jorjão e o amigo Casca, antigos moradores de Cunha Porã. Isso gerou uma grande festa, com muita conversa e cerveja. Foi um dia muito alegre e divertido.

No dia seguinte, era dia de descansar, fazer a manutenção das motos, seguir, pegar a balsa do Rio Madeira e aportar em Rio Branco, no Acre. Fim do trajeto brasileiro.

Saímos do Brasil por Assis Brasil e, ao entrarmos no Peru, uma instalação precária indicava ser a aduana, onde deveríamos fazer os trâmites aduaneiros. Era uma sala pequena, onde era atendido um de cada vez, os demais ficavam lá fora. Tudo pronto, partimos rumo a Puerto Maldonado, por uma estrada pedregosa e poeirenta, além de curvilínea. Chegamos no fim da tarde ao ponto desejado. É impressionante a quantidade de motos que roda naquela cidade, onde só os pilotos são obrigados a usarem capacete, os garupas ficam livres. A nossa chegada causou naquela cidade uma certa muvuca, mas tudo na boa.

Chegada a Puerto Maldonado, Peru - Estrada de chão

No outro dia, tentamos comprar passagem para voar com as motos até Quito, Equador. Na agência de viagem, nos informaram que as motos só iriam quase desmontadas e reduzidas a um metro de altura. Passamos o sábado comprando ferramentas e madeiras para, na segunda-feira, confeccionar o trambolho. No domingo ficamos no hotel, carregando as baterias, tomando umas geladas.

De repente, nos assomou um grupo de moças oferecendo bebidas. Ao se aproximarem, ficamos sabendo que a promoção visava a escolha da primeira miss Puerto Maldonado. Houve boa interação, música, bebidas, fotos.

Na segunda-feira, em vez de confeccionar os paletes, parte do grupo mudou de ideia e decidiu encarar o trecho. O roteiro rodoviário, já que não havia estrada direta para Quito, nos obrigou a sair mais ao sul, no deserto de Nazca, o que nos fez desperdiçar cinco dias.

Partindo de Puerto Maldonado, os três solteiros sumiram à frente. A performance do Vilson e minha, por estar com carona, foi menor. Quase escurecendo, e o ponteiro da gasolina não se mexia. Vinha atrás de nós um micro-ônibus, sem um vidro sequer, sinalizei para parar e tive a informação de que na próxima povoação, numa casa à esquerda, eu conseguiria. Aleluia! Informação correta. Mas veio a noite, e a estrada era tão serpenteante, que nas curvas havia placas dizendo: "*pite e pase*". Para piorar, um rio sem ponte, o que é comum no Peru e Bolívia. Ao iniciar a travessia, a lama fez com que a roda traseira afundasse e fomos ao chão. Chegamos a Ocongate às 22h. Os companheiros estavam já de banho tomado. Conversamos sobre terem sumido a tarde toda, o que causou um certo azedume, mas continuo pensando que, se a formação é um grupo, não pode se fragmentar.

Próximo a Urcos, ficou escuro, pois havia muitas interrupções e desvios causados pela construção da Odebrecht da Interoceânica, ou "Estrada do Pacífico". O frio era inclemente, as margens da estrada estavam brancas de neve. Paramos para aquecer as mãos no motor da moto, pois estavam perdendo a sensibilidade. Para piorar, o tanque da Falcon estava secando. Nisso, apareceram luzes à nossa retaguarda, denunciando a presença de veículos. Houve certo frenesi, mas o veículo transportava dois engenheiros que atuavam na construção da estrada. Mandados por Deus, prontificaram-se a fazer-nos uma escolta até encontrarmos uma pousada. Na pousada, a dona do estabelecimento ofereceu-nos uma sopa muito boa. Os quartos eram simples e sem aquecimento.

Em outra ocasião, falamos sobre o chá de folhas de coca que tira a ansiedade, mitiga a fome, mas faz diminuírem os batimentos cardíacos, causando mais frio ao corpo. No corredor da pousada, encontrei Gilmar com a bochecha avolumada pelas folhas de coca que estava mastigando, como os nativos fazem. Errou, usou folhas demais e não conseguia aquecer-se, nem aumentando o número de cobertores. Nilson e Evaldo tentaram ajudá-lo deitando sobre os cobertores dele, mas a tremedeira que fazia a cama vibrar demorou a passar.

Na manhã seguinte, era imperioso abastecer. Não existe nenhum posto de combustível desde Puerto Maldonado, esse produto é vendido nas casas, nas quais os moradores anunciam o serviço com uma humilde placa. Normalmente, o veículo é

Abastecendo as motos

abastecido com o auxílio de um regador de jardim, que não consegue fazer a manobra sem que uma certa parte da gasolina seja desperdiçada. Feito o abastecimento e pago o que a indígena disse que custava, seguimos nossa viagem.

Na pequena vila de Oropesa, tiramos uns minutos para conversar com os indígenas, até que Evaldo sofreu uma espécie de convulsão e apagou, desmaiado. Foi uma agitação intensa, pois estávamos no meio do mato. Um indígena gritou e, de uma casa, apareceram umas três indígenas com uns vidrinhos cujo líquido fizeram Evaldo cheirar, ao mesmo tempo em que emitiam uma espécie de reza. Evaldo abriu os olhos, mas as pernas ainda estavam bambas. Foi levado a um quarto, de onde saiu recuperado após três horas. A pajelança deu certo.

A viagem continuou e terminamos o dia em Cusco, o "umbigo do mundo", como eles chamam.

Na outra incursão que fizemos a Machu Picchu, Vilson, Angeline e Gilmar não estavam acompanhando. Ficou estabelecido que eles aproveitariam para visitar Machu Picchu no dia seguinte, pois não conheciam ainda, enquanto os demais, que já conheciam, iriam conhecer o Vale Sagrado dos Incas, o que levaria um dia também.

Ambos os programas são espetaculares e inesquecíveis.

O Vale Sagrado dos Incas é uma região que fica encravada entre as grandes montanhas e à beira do Rio Urubamba, uma região de grande fertilidade, onde se planta milho, batata e a famosa planta de coca. Na região, os indígenas implementaram uma série de terraços agrícolas. O vale era considerado sagrado devido à sua proximidade com as montanhas que chamavam de Apus (divindades). Os indígenas acreditavam que Apus eram os guardiões das terras, e que estes espíritos protegiam seu gado, seu cultivo e seu povo.

Vale Sagrado dos Incas, Peru

Visitamos a Ollantaytambo, onde vimos os silos de grãos construídos nas montanhas, que guardavam os mantimentos após a colheita; muito impressionante, pois os silos são incrustados nas montanhas. Lá vimos muitos terraços feitos para aproveitar os espaços das montanhas, onde se cultivam produtos agrícolas, além do vale. Ali a água jorra em abundância devido aos numerosos rios. Passamos o dia visitando pequenas povoações nesse vale. Uma paisagem incrível.

Terraços para plantações no Vale Sagrado dos Incas

O passo seguinte era ir ao encontro do Oceano Pacífico, mais precisamente ao deserto de Nazca, na cidade de mesmo nome. Esse deserto é aquele das linhas seculares e estranhas de que nos fala o livro *Eram os deuses astronautas?*, de Erich von Däniken.

Em dado momento, Nilson, que puxava à frente, dirigiu-se ao acostamento, sinalizando para que continuássemos; assim o fizemos, Vilson e nós. Paramos logo adiante, pois os demais não apareciam. Estava frio na aldeia em que paramos

Esperando os amigos

e aproveitamos para comprar uns biscoitos em uma loja onde se vendia até fumo de corda. Eu, Volnete, com as bolachas na mão, fui para o meio da estrada para me aquecer no sol, quando fui surpreendida por uma ovelha socialista, reivindicando seu quinhão. Erguida nas patas traseiras, apoiou-se nas minhas pernas, em uma espécie de súplica, o que a fez ser agraciada com várias bolachas, em uma divisão em um parâmetro quase igualitário. Nisso, a galera chegou, as pestanas inchadas de dormir no acostamento.

No deserto de Nazca, paramos para apreciar e fotografar as tais linhas de Nazca. Essas linhas constituem a forma de figuras humanas, animais, plantas e seres místicos desenhados no chão do deserto há centenas de anos. Como conseguimos vê-las do alto, devido ao seu tamanho, subimos uma torre, às margens da rodovia, para podermos enxergar as fascinantes formas, como o desenho de um macaco, um beija-flor e uma aranha. Mas, para quem vai com mais tempo, existe um passeio de helicóptero para apreciar com mais nitidez as tais linhas.

E, assim, seguimos margeando o Oceano Pacífico até Tumbes, ao norte do Peru. Ali destinamos um dia para repousar. Por insistência do Gilmar, eu (Felix) e Vilson aceitamos alugar um barco de pesca e passar uma tarde toda no Pacífico, para voltar com três pequenos peixes... Também no Pacífico, eu (Volnete) aproveitei para experimentar suas águas frias. Na pousada, rolou chimarrão, tradição sulista e roncos pomposos de quem estava tremendamente cansado.

Foi nesse momento que concluímos que os dias desperdiçados com a mudança de planos lá em

Deserto de Nazca, observando as linhas

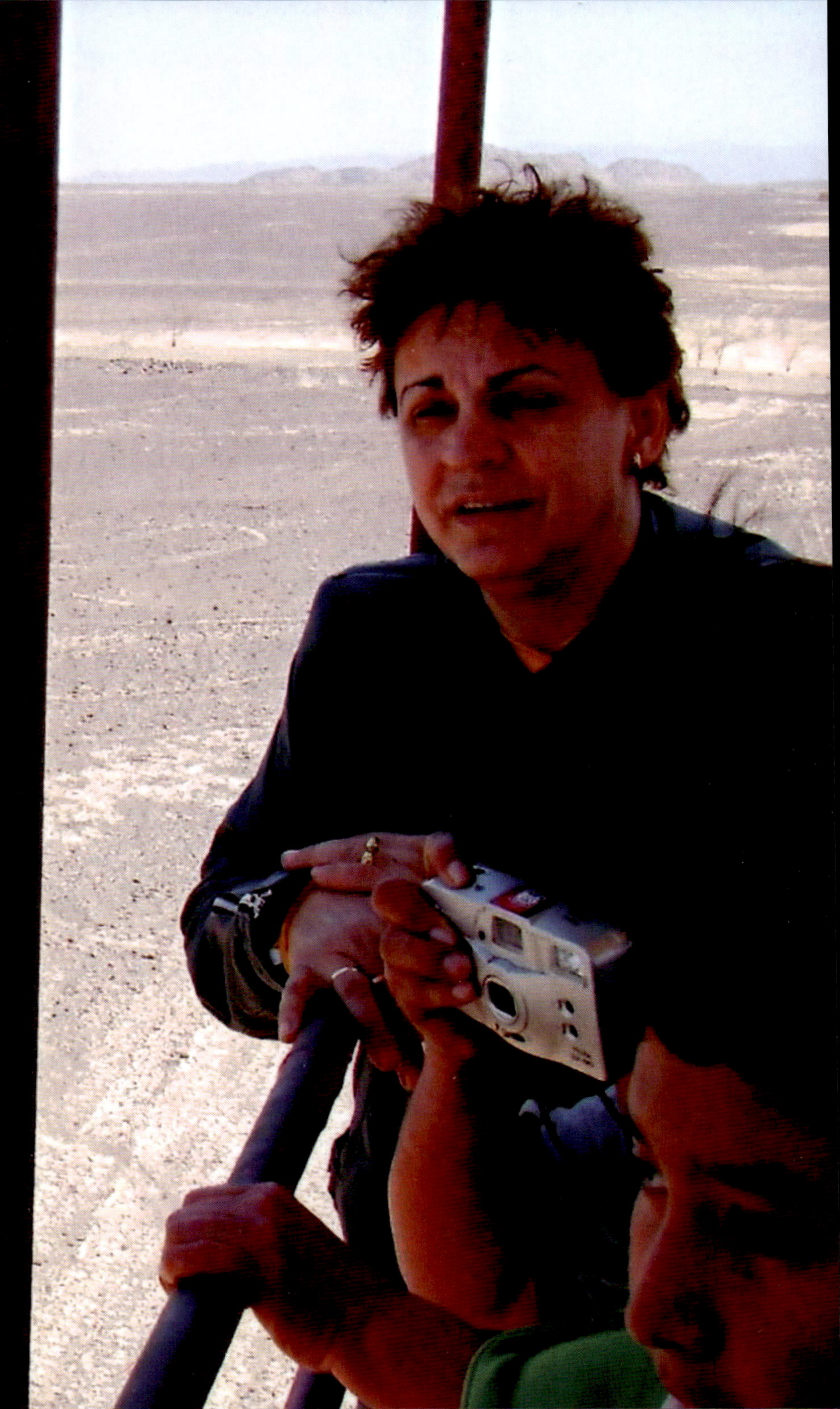

Puerto Maldonado nos fariam falta. A solução achada foi despachar as motos de volta, via transportadora, até Arequipa, e ir de ônibus, à noite, até a linha imaginária do Equador – local a poucos quilômetros de Quito, capital do Equador –, fazendo uma escala em Guayaquil, de modo a chegar no outro dia e poder visitar a linha. A visita foi emocionante, tiramos fotos com um pé no norte e outro no sul. A Linha do Equador atravessa vários países, entre os quais também o Brasil. Nesses locais pelos quais ela passa, geralmente, há um marco indicando isso, mas o mais famoso é justamente no Equador. Visitamos também o planetário, onde vimos um filme que mostrava bem o que é equinócio e solstício.

Após a visita, tomamos um voo que nos levou até Arequipa, onde estavam nossas motos. Visitamos alguns pontos turísticos, como o Cañon del Colca, (considerado o cânion mais profundo da América, com 4.160 m de profundidade), para poder apreciar a profundidade de cânion e aproveitar ver o voo do condor andino. A ave é a terceira maior do mundo, possui três metros de comprimento e mal bate as asas para voar, já que usa as correntes de ar quen-

Linha do Equador

te para planar – um belo voo suave e espetacular. Vimos vários condores, inclusive alguns chegaram bem perto de nós. Durante o trajeto, vimos vicunhas, alpacas e paisagens deslumbrantes.

Todos com sua moto, partimos para o sul. Apesar do deserto, constatou-se uma presença grande de animais silvestres, o que exigia muito cuidado. Uma mancha de óleo na pista reforçou a ideia para desacelerar. Mas Evaldo não se conteve, ligou o pisca e sumiu para alcançar Nilson e Gilmar. Antes de chegar a Moquegua, a moto do Evaldo pediu água. A ocorrência teve lugar em uma vila, e era meio-dia. Uma bodega oferecia uma sopa em uma mesa grande e coletiva. À nossa direita, um cidadão peruano prontificou-se a viabilizar um transporte para a moto até Moquegua, e assim foi feito, em um caminhão. De lá até Arica, no Chile, a moto foi em uma caminhonete.

Estabelecidas as exigências no aeroporto em Arica, a intenção era mandá-lo de avião até o Brasil. Feita a embalagem do veículo, foi entregue para o transporte. No outro dia, Evaldo seguiu viagem e nós seguimos no território chileno até Maria Elena, de onde mudamos de direção.

No caminho, em direção à Calama, ficamos sem gasolina e Nilson corria o risco de também ter uma pane seca. Transvasamos o que sobrava para a moto do Vilson, e ele saiu para a cidade a fim de providenciar mais combustível. Os demais, ficamos em uma área desértica, em um sol esturricante. A única sombra era o que proporcionava um poste de alta tensão, então fizemos uma fila na sombra do poste.

Resolvido o problema, partimos para a cidade de Calama, onde há a maior mineradora de cobre a céu aberto do mundo, a mina de Chuquicamata. Rumamos para San Pedro de Atacama. Essa cidade, na região de Antofagasta, é um tanto pequena e, para complicar, não havia vagas em hotéis. Conseguimos acomodação em uma pousada precária. Ufa! Ainda bem!

San Pedro do Atacama é a porta de entrada para conhecer o deserto do Atacama, deserto mais árido e mais seco do mundo. Não espere encontrar uma cidade bonita; suas ruas são de terra e muita poeira, as casas são feitas de uma mistura de barro com palha há anos, mas o povo é muito simpático, afinal, vive em função do turismo. As atrações do deserto, que são muitas, estão espalhados ao redor do povoado; alguma são: Valle de La Luna, Museo del Meteorito, Lagunas Escondidas, Garganta do Diabo, Laguna Verde, Sítio Arqueológico, Salar de Uyuni, Salar do Atacama e Geyser del Tatio. Como estávamos de moto, foi tranquilo visitar essas paisagens naturais exuberantes do deserto. Cada dia era um espetáculo diferente. Os flamingos que habitam os salares com seus tons rosados, lhamas, vicunhas e guanacos dão o teor singular da vida selvagem do deserto. Ali também encontramos cactos gigantes, vulcões e formações rochosas que parecem ser de outros planetas.

O nosso último passeio em San Pedro do Atacama foi visitar o Geyser del Tatio. Esse passeio é recomendado para o último dia, devido à altitude, pois pode ocasionar o mal-estar chamado soroche, afinal, saímos de San Pedro a 2.400 m acima do nível do mar e chegamos ao Geyser a 4.300m. Como já estávamos um pouco acostumados com a altitude, pois já havíamos feito vários passeios, foi tranquilo.

O nome gêiser vem da Islândia e significa “fonte jorrante”. É um fenômeno que acontece com vulcões que registram alguma atividade em seus interiores. A água, em gelo ou vertente, cai sobre a parte incandescente do vulcão, transformando-a em vapor e fazendo o vapor sair por espécies de poros da terra. Para que se veja bem esse processo, é preciso estar lá antes do sol nascer, pois o “vaporzão” e os jatos d’água – em contraste com a temperatura da água que, nessa altitude, entra em ebulição aos 80° C, sendo que a temperatura ambiente nesse horário é por volta de -2° C – transforma o local em um espetáculo de tirar o fôlego.

A nossa comitiva saiu do hotel, em uma van, de madrugada. O café foi tomado lá. Após o espetáculo proporcionado pelo gêiser, cozinhamos ovos e aquecemos leite. O guia abriu uma mesa e saboreamos um café sensacional. Não havia nada de especial no café, mas o gosto era muito bom.

No caminho de volta, avistamos o horizonte branco de neve.

No dia seguinte, quando nos apresentamos na aduana para os trâmites, fomos informados de que

Geyser del Tatio, atração no deserto do Atacama

a Rota 23 estava interditada pelo acúmulo de neve. Houve uma enorme aglomeração de pessoas na espera de que os *carabineiros* avisassem que estava liberada, mas essa notícia só veio às 12h. Aí foi uma debandada, sem almoço.

Ainda naquele dia, chegamos a San Salvador de Jujuy. A essa altura, ligamos para Evaldo, que nos informou que, ao fazer uma conexão em Santiago, a nova companhia aérea dificultou o transporte da moto, então ele decidiu consertá-la em Santiago, e já estava pronta. Sugerimos nos encontrar em Resistência, mas, ao chegar lá, perdemos a comunicação, pois ele havia tomado outro rumo.

Apenas a título de informação, de San Salvador de Jujuy a Resistência são 900 km, dos quais 800 km seguem um traçado retilíneo quase sonolento. O calor, no momento em que transitávamos por lá, era tórrido e insuportável. Muitas vezes olhamos para ver se a moto não estava incendiando.

Mas voltemos à Resistência. Enquanto estávamos esperando por comunicação com Evaldo, Vilson teve a notícia de que falecera o pai da Angeline.

Imediatamente, eles se dispuseram a cumprir os quilômetros que faltavam até em casa a tempo de participar das exéquias.

O companheiro que estava lá por Santiago passou a ser auxiliado por alguém de Cunha Porã, seguindo um mapa do Chile. Ocorreu que lhe foram indicados caminhos alternativos, nos quais o volume de neve era muito grande, o que tornou o trajeto muito mais difícil e demorado.

Quanto a nós, Felix e Volnete, Nilson e Gilmar, dois dias depois, estávamos voltando à nossa casa.

7

ROTA 66

O SONHO DE VIAGEM DE MUITOS MOTOQUEIROS
CURIOSIDADES – HISTÓRIAS – MOMENTOS INESQUECÍVEIS

Um breve relato. Concebida em 11 de novembro de 1926, a rota de número 66 tinha início em Chicago, no Estado de Illinois, e ia até Santa Mônica, no Estado da Califórnia. Com seus 3.940 km, cheia de curvas, era chamada de "a serpente americana". Seu traçado atravessa oito estados e 200 cidades. Ao longo dela, foram surgindo muitos comércios, restaurantes, bares, cafés e muitos bordéis.

A Rota 66 se tornou um símbolo de juventude e liberdade. Os jovens americanos ricos pegaram o gosto por transitar com seus carrões ao longo dela, sempre sem pressa. Passou, portanto, a exercer papel impor-

Rota 66, Estados Unidos

tante em combater a monotonia e transformou-se na estrada mais famosa do mundo; até que, em 1985, surgiu a moderníssima *Interestate,* e o governo desativou a icônica rota. Diante de sua decadência, muitas pequenas cidades viraram cidades-fantasma. Então, um grupo de moradores formou uma associação que a mantém até hoje, apesar de, para o governo americano, essa estrada não existir mais.

Porém, as histórias contadas a seu respeito mexeram com a imaginação dos aventureiros e nós não ficamos imunes a esse sentimento.

Iniciamos, enfim, a materialização da ideia de sentir pessoalmente tais emoções. A moto escolhida, daqui do Brasil, foi a Harley Davidson Heritage, alugada pela internet por uma empresa de turismo de aventura de São Paulo.

Tudo organizado, partimos de Guarulhos (onde já encontramos um casal que ia fazer o mesmo roteiro que o nosso), com uma escala no Texas, concluindo a viagem em Los Angeles. Fomos direto para o Hotel Marriott, onde nos esperavam alguns brasileiros que iriam conosco nessa aventura.

No dia seguinte, retiramos as motos na locadora e circulamos por Los Angeles para pegar as manhas da Heritage, indo até o Pier Santa Mônica.

Calçada da Fama, Hollywood, Estados Unidos

O dia subsequente foi destinado a visitar a famosa Hollywood, cujo nome se tornou uma referência para a indústria cinematográfica dos Estados Unidos. De longe, já podemos ver, em uma montanha, o letreiro escrito Hollywood. Lá vimos também o teatro que é a sede da premiação do Oscar. Na Calçada da Fama, onde os famosos colocam suas mãos, com as impressões a ficarem gravadas no chão em uma espécie de cimento, vimos muitas personagens de filmes, vestidos como tal. Percorremos vários locais e terminamos jantando no restaurante Hard Rock Café, que é uma cadeia norte-americana de restaurantes temáticos espalhados por 59 países e cujo tema é o Rock'n Roll. Vimos muitas guitarras de artistas famosos penduradas, carros antigos etc. Tudo muito interessante.

Na manhã seguinte, reunião no hotel, orientação do guia e início da viagem. Percorremos aproximadamente 100 km e fizemos a primeira parada para descanso enquanto visitávamos uma grande loja de revenda da marca Harley Davidson – muitas motos e preços, para nós brasileiros, convidativos.

Seguindo em frente, foi a hora de encarar a Serra Nevada (que faz jus ao nome), fria e branca

Ainda na Rota 66

de neve. Mas nada nos impediu de continuar. Assim, chegamos ao topo para o almoço em um local conhecido como Big Bear Lake (Lago do Grande Urso) – frio, mas muito bonito.

Encontramos a primeira cidade-fantasma, Calico. A cidade é um cenário de filmes americanos do tipo faroeste, que estamos acostumados a ver. Em 1887, Calico era uma mineradora de prata e bórax, contava com 1.200 habitantes e hoje é um parque com apenas oito moradores.

Cidade de Calico, sendo recepcionados pelo Xerife

Chegamos lá, estacionamos as motos e eis que escutamos uns tiros, era o xerife da cidade querendo saber quem eram os forasteiros. Foi uma gargalhada só. A encenação era perfeita. A cidade estava efervescente, lembrando os velhos tempos: pessoas circulando, crianças, pessoas de idade; só que todos eram turistas, como nós. Circulamos por toda a cidade, vimos as minas, o bordel, as casas, os bares. E então vimos uma máquina estranha: era uma mistura de carroça e carro, que servia para apagar o fogo na época. Portanto, tinha até bombeiros!

Deixando para trás toda essa história, logo nos deparamos com o famoso Bagdad Café, cenário do filme alemão de 1987 com o mesmo nome. Hoje, no local, funciona um restaurante e comércio de *souvenirs*.

Encontro de Moto Laughlin River Run, Estados Unidos

Famoso Bagdad Café

ADSIDE
RACTION
RINGS, CALIFORNIA
rld-famous restaurant
Bagdad Café," which
estaurant in 1995.
n as a site worth seeing
Landmark

Seguimos em frente com o objetivo de chegar à cidade de Laughlin River Run, onde acontecia o terceiro maior encontro de motos do mundo. Havia em torno de 60.000 motos. Os estacionamentos estavam apinhados delas. Impressionante. Foi uma festa imensa. No caminho, éramos ultrapassados por verdadeiras revoadas de motos – difícil ver uma que não era Harley Davidson. Muitos motoqueiros estavam sem capacetes, pois, no estado vizinho – Arizona, não é exigido esse equipamento. Parecia que estávamos na cena de algum filme, com aqueles senhores barbudos, naquelas enormes motos. Ali nos divertimos muito, o encontro foi joia. O que nos chamou a atenção também é que, com aquela quantidade de pessoas, não se via um lixo jogado no chão.

Em outro momento, estávamos no Arizona visitando outra cidade-fantasma, Oatman. Esta é uma cidade mais comercial. No seu apogeu, chegou a ter 3.500 habitantes. No censo de 2020, foram contados 102 habitantes, a maioria comerciantes. De repente, tiros, mais tiros, gente correndo. Foi um susto, mas novamente se tratava de uma encenação de bang-bang, que ocorre na rua, com cowboys. Encontramos a praça exatamente como era antigamente, até com um patíbulo onde as pessoas eram enforcadas. Não sabemos qual o motivo, mas a cidade está cheia de burros, que, soltos, andam docilmente pelas ruas.

Rodando mais um pouco, encontramos o primeiro posto de combustível da Rota 66, que hoje está desativado. Seguimos até Williams, onde pousamos. Como íamos ficar por lá, a galera se deliciou na pinga, pois durante o dia em que pilotávamos era lei seca, 100%.

Estávamos chegando ao Grand Canyon, uma das maravilhas da terra. Olhar para suas dimensões monumentais é algo que impressiona fortemente. Por exemplo: o ponto mais profundo mede 2.400 m, são 500 km de extensão e a largura varia de 7 a 30 km. O Rio Colorado, que atravessa o Grand Canyon, é o sétimo maior em extensão da América do Norte, percorrendo 2.330 km. Nasce nas montanhas rochosas do Colorado, passando por sete estados americanos, indo desaguar no Golfo da Califórnia, no México. O Grand Canyon é

Grand Canyon, Estados Unidos

um lugar para se visitar sem muita pressa. É imperioso tirar muitas fotos, pois a visão de uma espécie de esculturas naturais não é monótona.

Mas voltemos à Rota, a *Mother Road*, como eles a chamam. Lá, deve-se respeitar o limite de velocidade que, logicamente, é estipulado em milhas. Em dado momento, dois gaiatos que estavam em nossa comitiva decidiram dar uma acelerada. Não sabemos de onde surgiu uma viatura, e a abordagem não aceitou conversa.

Hotel em Kayenta, Grande Nação Navajo

Estávamos dentro do território da Grande Nação Navajo, cuja dimensão é de 71.000 km^2, abrangendo parte do Arizona, Utah e Novo México. A população desse território indígena, que é o maior na América do Norte, é de 175.000 pessoas. Estávamos circulando há dois dias na reserva e, no dia anterior, havíamos chegado à cidade de Kayenta. É uma cidade pequena, com boa infraestrutura. Nem uma pessoa que não seja indígena vive ali. O hotel em que ficamos alojados é típico em toda a Rota 66: não tem estacionamento, e o viajante estaciona à porta do apartamento que alugou para facilitar a partida na manhã seguinte.

No restaurante em que fomos jantar, fomos atendidos somente por indígenas. Ao solicitarmos uma cerveja, fomos educadamente informados de que seria sem álcool. Mudamos para um vinho, mas a resposta foi a mesma. Aí ficamos sabendo que não circulam, em toda a aldeia, bebidas com álcool.

Conversa com um indígena navajo

No tempo que estivemos lá e, em uma conversa que tivemos com um indígena no café, na conveniência de um mercado, ficamos conhecendo algumas particularidades de seu povo. Por exemplo, o PIB deles é de 50 milhões de dólares, possuem 400 fontes de renda, como comércio, turismo, criação de gado e artesanato de produção própria. A visita ao Grand Canyon é administrada e cobrada pelos indígenas.

Em Monument Valley, ponto de divisa de quatro estados – Utah, Colorado, Novo México e Arizona – e cenário de muitos filmes estrelados por John Wayne, há uma loja muito grande, onde os indígenas Navajos vendem joias, produtos de cerâmica e outros tipos de artesanato.

O Monument Valley é uma paisagem desértica em que, ao longo de milhões de anos, pelas forças do vento e da água, esculpiram-se grandes formações avermelhadas de arenito, pináculos estreitos e montes maciços.

Íamos em seguida para o Zion National Park, que significa "santuário", e que nos impressionou com penhascos de 305 m de altura nas cores creme, rosa e vermelho. A vista é espetacular, não tem como não parar e tirar várias fotos. Nesse parque, passamos a noite em um hotel rústico e em uma área um tanto silvestre, fora de qualquer centro urbano.

Partimos na manhã seguinte rumo à Las Vegas, onde devolvemos as motos e nos hospedamos no hotel-cassino Tower New York. O hotel tem três torres, com 3.400 apartamentos. No acesso à nossa torre, era necessário atravessar um imenso cassino. No domínio territorial desse hotel, além do cassino, havia uma espécie de cidade, com lojas, farmácias, restaurantes, inclusive com ruas. Resolvemos jantar em um desses restaurantes. Escolhemos um de comida mexicana; como sempre, queríamos testar tudo. Saímos de lá cuspindo fogo. Quanta risada! Afinal, não estamos acostumados com tanta pimenta. A iluminação no teto de forma desorganizada, somada à penumbra, nos davam a impressão de eterna noite. As ruas fora do cassino, como se trata de uma região de deserto, têm muitas escadas rolantes. Também há muitos brinquedos que estimulam drasticamente a adrenalina. Por

Monument Valley, Estado de Utah, Estados Unidos

22763P

Zion National Park

dentro do nosso hotel, por exemplo, passava, ou ainda passa, uma montanha-russa. Do nosso quarto, a víamos passando. Visitamos muitos cassinos e fizemos pequenas compras nos *outlets* que existem por lá. Esses dois dias que passamos em Las Vegas foram muito divertidos.

Companheiros da Rota 66

Assim, concluímos nossa meta de conhecer a histórica Rota 66. No final da viagem, tínhamos passado por quatro estados e percorrido 2.170 km. Conforme citamos no início, a Rota 66 foi atropelada por uma nova e larga rodovia, que, por seguir a mesma direção, foi endireitando algumas curvas da velha 66. Desta forma, da quilometragem que percorremos, apenas uns 700 km foram pela Rota 66.

8

CHILE

REGIÃO DOS LAGOS E VULCÕES

Passado algum tempo, já restabelecidos do estrago nas finanças e com moto nova, resolvemos, eu e Volnete, voltar às bandas do Chile para concluir a missão de conhecer o país de norte a sul.

Iniciados os preparativos, estabelecida a data, o motociclista Luiz Schabarun (o alemão) e sua companheira (chamada pelo apelido carinhoso de Preta) manifestaram o desejo de viajar conosco. Aquiescência garantida, a comitiva foi ampliada pela adesão do Elói Berndt, também de Mondaí.

A partida aconteceu em Santa Lúcia, Palmitos, em uma manhã de céu nublado, embora os maus

Companheiros de viagem

humores do tempo nunca foram tão fortes a ponto de enegrecer o entusiasmo de uma aventura.

No primeiro dia, rumamos para as bandas de Uruguaiana, RS, e entramos na Argentina por Paso de Los Libres. Na sequência, seguimos até Santa Fé. Nessa cidade, para quem não sabe, existe um túnel que passa por baixo do Rio Paraná.

O trajeto seguinte nos levou a Villa María, em seguida, Río Cuarto, Mercedes e San Luis. Ao nos aproximarmos de Mendoza, é possível vislumbrar um panorama diferente, bem mais empolgante. A Cordilheira dos Andes apresenta-se imponente. Também passamos por importantes vinhedos.

Entrada do Chile

A Pré-Cordilheira é deslumbrante: imensas montanhas encimadas pelo majestoso Aconcágua, conhecido como “o teto da América”, que, sempre com seu topo branco de neve, apresentam um belo espetáculo.

Já era à tardinha e estávamos entre Punta de Vacas e Las Cuevas. O hotel que existia por lá não deu para encarar. Mas eis que apareceu um bom samaritano e nos ofereceu acomodação, com refeição e tudo incluso, no quartel do exército argentino.

No dia seguinte, mergulhamos no túnel Cristo Redentor, de 3.080 m, e saímos na vila Complejo Libertadores. Seguimos até Los Andes por uma rota serpenteante. Antes, descemos os famosos caracoles, que são comparados à Serra do Rio do Rastro, SC.

De Los Andes, seguimos pela Rota 57, passamos pelo túnel Chacabuco e chegamos a Santiago, capital, com 6,7 milhões de habitantes – um terço da população do Chile.

Entramos na cidade com a intenção de pegar a Rota 5, que nos levaria ao extremo sul. No centro daquele aglomerado populacional, em meio a um trânsito caótico, Luiz, que puxava à frente, não viu a placa indicativa que nos ensinava a direção. Percebemos que estávamos indo para Valparaíso. No próximo semáforo, seria preciso retroceder para a 5. Ultrapassamos Luiz e fizemos um sinal a um motorista que dirigia um caminhão para que ele nos permitisse fazer a evolução de retorno. O sinal abriu e o motorista gentilmente ficou parado, segurando os demais veículos, nos permitindo retornar. Oba! "Agora vai". Partimos na direção sul sob um festival de decibéis de buzinas naquela muvuca.

Finalmente, o trânsito se moralizou e nós aceleramos naquela rodovia primeiro-mundista. Aliás, trata-se de parte da Pan-americana, desde a divisa com o Peru até Chillán. É a principal rodovia chilena, percorrendo todo o deserto do Atacama, continuando ao sul em um total de 3.364 km. Rodar de moto nessa estrada é uma maravilha, mas não há outros atrativos, por enquanto. Opa, estávamos chegando em Chillán, onde é possível deleitar-se nas piscinas de águas termais naturais, *camping* etc.

Voltamos à Rota 5, passando por Los Angeles e Temuco, com foco em Villa Rica. Próximo a essa cidade está o vulcão do mesmo nome e vizinho de Pucón, ostentando uma corpulência de 2.847 m de altura. Na erupção de 1985, a população de Pucón teve que ser evacuada. Esse vulcão é o mais perigoso entre os 45 que existem no Chile. Com frequência, sem que ninguém espere, dá sinal de que ainda está vivo e se taca a cuspir fogo.

Vulcão Osorno, Chile

Deixamos para trás essa entidade marota e passamos a conviver com um cenário maravilhoso, conhecido como Região dos Lagos. Além de muitos lagos, a natureza foi pródiga na sua composição.

E, assim, íamos felizes, com nossas retinas tendo dificuldade de memorizar tanta coisa bonita. Mas, de repente, eis que surge outro vulcão, o Osorno, situado na Região dos Lagos do Chile, medindo, até seu cume, 2.652 m. É considerado ativo, com 11 erupções históricas entre 1575 e 1869, permanecendo quase sempre coberto de neve em seu topo. Pegamos o teleférico e, como crianças, íamos rindo, balançando as pernas e nos deliciando com a paisagem que desfrutávamos. Até onde o teleférico nos levou, caminhando um pouco a pé, chegamos até a encontrar a neve, próximo ao topo.

De novo no vulcão, onde nos divertimos muito

Lembrando da infância: esquibunda no vulcão Osorno

Ultrapassamos um bom trecho de neve e descemos escorregando. Foi muito divertido. A estrutura para o visitante é muito boa, e a vista lá do alto também.

Seguimos para Frutillar, uma pequena cidade no sul do Chile, fundada por alemães imigrantes em 1856. Situada quase ao nível do mar, a 62 m, é vizinha do Lago Llanquihue, o segundo maior lado do Chile, com uma área de 860 km^2. É incrível poder admirar o vulcão Osorno às margens do lago. É impossível não se demorar mais lá para apreciar tanta beleza, incluindo uma passagem pelo museu, que é fantástico. As paisagens são de perder o fôlego.

Partimos rumo a Puerto Montt, nossa última incursão naquela direção.

Iniciamos a volta até Osorno, de onde pegamos a Rota 215, que nos levou até San Carlos de Bariloche. Mas, na prática, não foi tão fácil. A moto do Elói desistiu de andar, já próximo de Osorno. Conseguida uma carona, Elói foi buscar socorro, enquanto nós quatro nos fartávamos com amoras, que se apresentavam em grande quantidade na beira da estrada. Conseguido, a duras penas, um transporte para a mesma cidade, lá eu ouvi a minha história se repetir: "*no hay repuestos*", mas uns motociclistas locais prontificaram-se a nos ajudar. Naquela noite, fomos convidados por eles a ir em um clube meio campestre, onde umas geladas aliviaram um pouco a tensão.

No dia seguinte, os rapazes apareceram cheios de boa vontade. Aberto o motor e constatado o problema, até tiraram a peça de uma moto deles para ver se servia na moto de Elói. Negativo, não deu certo. Surgiu a ideia de retificar a peça, e assim foi levada a uma retífica, o que levou três dias. Nesse período, muitas vezes fomos a uma praça ouvir uma orquestra de música andina. A amizade que surgiu com os chilenos foi tão real que até fomos convidados para uma festa de aniversário familiar.

Por fim, finalmente a moto ficou pronta, então partimos para Bariloche, a uns 250 km de distância. No verão, todo aquele gelo que atrai a galera para esquiar vai embora. Foi assim que encontramos a cidade, e não era isso que pensávamos encontrar. Neve, somente no Cerro Tronador. Mesmo assim, por meio de *aerosillas*, subimos até o Cerro Catedral, local de onde partem os esquiadores. Quando o inverno se vai e leva com ele a neve, esse local se

Cerro Catedral, Bariloche, Argentina

transforma em um solo totalmente irregular, coberto de pedras de diversos tamanhos.

Feita a visita, era hora de bater de volta para casa, pois o tempo já estava se esgotando (foi uma viagem de menos dias que outras). Mais de 3.000 km nos esperavam, mas a boa qualidade das estradas argentinas nos animava. Voltamos sem nada nos atrapalhar, fazendo praticamente o mesmo trajeto percorrido anteriormente, razão pela qual nos abstivemos de comentar aqui.

Ao concluir mais essa aventura, cumprimos o projeto de conhecer todo o Chile, de Arica até Punta Arenas, sonho que foi interrompido pelo episódio da ruptura da nossa moto, relatado na outra viagem.

IN MEMORIAM

O casal Solange Julian e Gilmar Cocco viveram em estreita intimidade com o motociclismo desde a juventude. Isso se tornava evidente na forma parcimoniosa como conduziam sua motocicleta naqueles rincões inóspitos da Patagônia.

Mas esse simpático e alegre casal não imaginava que o destino lhe reservava um porvir trágico, doloroso.

Naquele triste janeiro, quatro dias após o retorno daquela incursão, Solange transitava entre Cunha Porã e Maravilha, eis que um cidadão alcoolizado atravessou a rodovia no pior momento, e a alegre professora deu-nos adeus.

Gilmar, meio sem norte, fez a tentativa de recuperar a perda. Impossível! Até que o destino encarregou a COVID-19 de completar seu desígnio.

Nossos amigos, que estão no céu